职业教育改革创新示范教材 II

汽车发动机机械维修

QICHE FADONGJI JIXIE WEIXIU

主 编　刘惠明　李 丹
副主编　马生贵　李 坡

人民交通出版社
China Communications Press

内 容 提 要

本书是职业教育改革创新示范教材之一,其主要内容包括:发动机传动带的检查和更换、发动机正时皮带的检查和更换、曲柄连杆机构的检测与维修、发动机动力不足的检修、发动机水温过高的故障检修、机油压力警告灯点亮的检修、空气滤清器的清洁和更换、燃油滤清器的更换、发动机总成的更换。

本书可作为职业院校汽车运用与维修专业、汽车制造与检修专业的教材,也可供汽车维修及相关技术人员参考阅读。

图书在版编目(CIP)数据

汽车发动机机械维修 / 刘惠明,李丹主编. -- 北京:人民交通出版社,2012.9
ISBN 978-7-114-09864-2

Ⅰ.①汽… Ⅱ.①刘…②李… Ⅲ.①汽车 – 发动机 – 车辆修理 – 职业教育 – 教材 Ⅳ.①U472.43

中国版本图书馆 CIP 数据核字(2012)第 170802 号

职业教育改革创新示范教材 Ⅱ

书　　名:	汽车发动机机械维修
著 作 者:	刘惠明　李　丹
责任编辑:	戴慧莉
出版发行:	人民交通出版社
地　　址:	(100011) 北京市朝阳区安定门外外馆斜街 3 号
网　　址:	http://www.ccpress.com.cn
销售电话:	(010) 59757973
总 经 销:	人民交通出版社发行部
经　　销:	各地新华书店
印　　刷:	北京鑫正大印刷有限公司
开　　本:	787×1092　1/16
印　　张:	13
字　　数:	227 千
版　　次:	2012 年 9 月　第 1 版
印　　次:	2016 年 11 月　第 3 次印刷
书　　号:	ISBN 978-7-114-09864-2
定　　价:	28.00 元

(有印刷、装订质量问题的图书由本社负责调换)

职业教育改革创新示范教材编委会

（排名不分先后）

主　　　任：简玉麟（武汉市交通学校）

副 主 任：曹建波（武汉市交通学校）

　　　　　袁立新（湖北黄冈交通学校）

　　　　　徐太长[湖北交通职业技术学院（中职部）]

　　　　　高德胜（武汉市东西湖职业技术学校）

　　　　　杨　进（武汉市汽车应用工程学校）

　　　　　刘　涛（武汉市第三职业教育中心）

　　　　　龙善寰（武汉机电工程学校）

　　　　　李　强[湖北十堰职业技术（集团）学校]

　　　　　余明星（武汉市交通学校）

　　　　　程　骏（武汉中交盛世图书有限公司）

委　　　员：张宏立、刘惠明、宋波舰、任晓农、蔡明清、何爱明、冯汉喜、何本琼、易建红、彭万平（武汉市交通学校）

　　　　　朱帆、吴晓冬（湖北黄冈交通学校）

　　　　　黄远军、刘小锋、黄刚[湖北交通职业技术学院（中职部）]

　　　　　邹雄杰、黄丽丽、宗传海、李晶（武汉市东西湖职业技术学校）

　　　　　周琴、林琪、牛伟华、白建桥、童大成（武汉市汽车应用工程学校）

　　　　　董劲松、叶婷婷、晏雄波（武汉市第三职业教育中心）

　　　　　彭无尘、胡罡、宋天齐、孙德勋（武汉机电工程学校）

　　　　　唐棠、余立明、周松兵[湖北十堰职业技术（集团）学校]

前言 FOREWORD

《国家中长期教育改革和发展规划纲要(2010—2020年)》中提出:大力发展职业教育,把职业教育纳入经济社会发展和产业发展规划,把提高质量作为重点;以服务为宗旨,以就业为导向,推进教育教学改革。实行工学结合、校企合作、顶岗实习的人才培养模式;满足人民群众接受职业教育的需求,满足经济社会对高素质劳动者和技能型人才的需要。

职业教育的发展已作为国家当前教育发展的战略重点之一,但目前学校所使用的教材普遍存在以下几个方面的问题:

(1)学生反映难理解,教师反映不好教;

(2)企业反映脱离实际,与他们的需求距离很大;

(3)不适应新一轮教学改革的需要,汽车车身修复、汽车商务、汽车美容与装潢等专业教材急缺;

(4)立体化程度不够,教学资源质量不高,教学方式相对落后。

针对以上问题,结合人民交通出版社汽车类专业教材的出版优势,我们开发了"职业教育改革创新示范教材"。本套教材以"积极探索教学改革思路,充分考虑区域性特点,提升学生职业素质"的指导思想,采用职教专家、行业一线专家、学校教师、出版社编辑"四结合"的编写模式。教材内容的特点是:准确体现职业教育特点(以工作岗位所需的知识和技能为出发点);理论内容"必需、够用";实训内容贴合工作一线实际;选图讲究,易懂易学。

该套教材将先进的教学内容、教学方法与教学手段有效地结合起来,形成课本、课件(部分课程配)和习题集(部分课程配)三位一体的立体教学模式。

本书由武汉市交通学校刘惠明、李丹担任主编,由武汉市交通学校马生贵、李坡担任副主编,参加编写的还有任晓农、张生强、王薇、陈国威、向志伟、丁业军。

限于编者的经历和水平,书中难免有不妥或错误之处,敬请广大读者批评指正,提出修改意见和建议,以便再版修订时改正。

职业教育改革创新示范教材编委会
2012年1月

目录 CONTENTS

学习任务一　发动机传动带的检查和更换 …………………………… 1
学习任务二　发动机正时皮带的检查和更换 ………………………… 25
学习任务三　曲柄连杆机构的检测与维修 …………………………… 37
学习任务四　发动机动力不足的检修（一） ………………………… 67
学习任务五　发动机动力不足的检修（二） ………………………… 90
学习任务六　发动机水温过高的检修 ………………………………… 117
学习任务七　机油压力警告灯点亮的检修 …………………………… 138
学习任务八　空气滤清器的清洁和更换 ……………………………… 159
学习任务九　燃油滤清器的清洁和更换 ……………………………… 169
学习任务十　发动机总成的更换 ……………………………………… 182
参考文献 ………………………………………………………………… 200

学习任务一

发动机传动带的检查和更换

学习目标

完成本学习任务后,你应该能:
1. 叙述发动机的总体构造和工作原理;
2. 明确发动机的维护目的;
3. 明确发动机传动带的检查方法和更换周期;
4. 正确地使用工具和设备;
5. 与同学密切合作,规范地更换和调整发动机传动带。

 建议完成本学习任务的时间为 **16** 课时。

 学习任务描述

一辆新爱丽舍1.6L轿车到4S店做维护,经检测后发现,发动机的传动带已达到规定的更换周期,需要对发动机传动带进行更换并调整。

学习任务一　发动机传动带的检查和更换

 学习内容

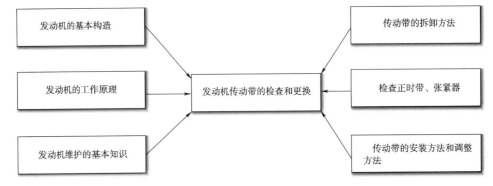

一、资料收集

引导问题1 发动机的作用是什么？

发动机是将某一种形式的能量转化为机械能的机器。汽车发动机（图1-1）一般是将液体燃料或气体燃料和空气混合后直接送入机器内部燃烧而产生热能，热能再转变为机械能，故又称内燃机。汽车发动机是汽车的动力源，被喻为汽车的"心脏"。

由于内燃机具有结构紧凑、体积小、质量轻和容易起动等许多优点，因此被广泛地应用于飞机、船舶、汽车等。

图1-1　发动机外形图（东风雪铁龙 TU3JPK 发动机）

引导问题2 汽车发动机的类型有哪些？

1　按照发动机的构件形式分类

根据将热能转化为机械能的主要构件形式的不同，可将发动机分为往复活塞式（图1-2）和转子活塞式（图1-3）两种。现在所使用的发动机大多数为往复活塞式发动机。

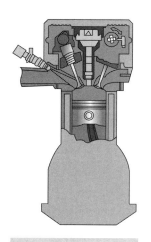

图1-2 往复活塞式发动机

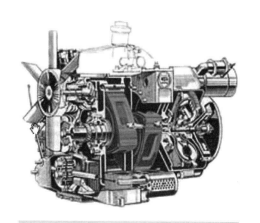

图1-3 转子发动机

2 按照所用燃料分类

根据所用燃料不同,常见发动机可分为汽油发动机(简称汽油机)和柴油发动机(简称柴油机)两种。汽油机(图1-4)以汽油为燃料,具有转速高、质量轻、容易起动、制造成本低等优点。柴油机(图1-5)以柴油为燃料,具有压缩比大、热效率高、经济性好等优点。近年来,因十分重视发动机代用燃料的研究,甲醇、乙醇、液化石油气等作为燃料在发动机上得到应用,故又有甲醇、乙醇、液化石油气发动机。

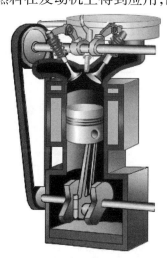

图1-4 汽油机

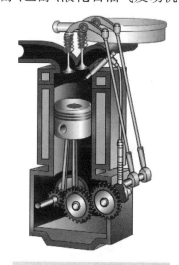

图1-5 柴油机

3 按照点火方式分类

根据点火方式不同,发动机可分为点燃式(图1-6)和压燃式(图1-7)两种。点燃式发动机利用电火花使可燃混合气着火,如汽油机。压燃式发动机是通过喷油泵和喷油器,将燃油直接喷入汽缸,与汽缸内经压缩升温后的空气混合,使之在高温下自燃,如柴油机。

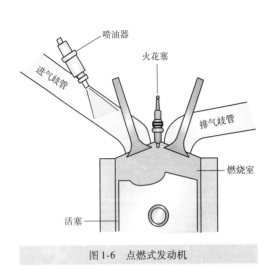

图 1-6　点燃式发动机　　　　　图 1-7　压燃式发动机

4 按照冲程数分类

根据每一个工作循环所需的活塞冲程数不同,可将发动机分为四冲程发动机(图 1-8)和二冲程发动机(图 1-9)。活塞往复 4 个单程,即曲轴旋转两圈完成一个工作循环称为四冲程发动机;活塞往复两个单程,即曲轴旋转一圈完成一个工作循环的则称为二冲程发动机。汽车发动机多为四冲程发动机。

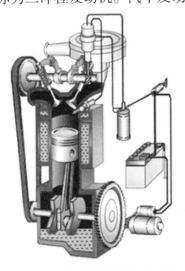 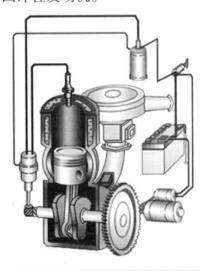

图 1-8　四冲程发动机　　　　　图 1-9　二冲程发动机

5 按照冷却方式分类

根据冷却方式不同,发动机可分为水冷式发动机(图1-10)和风冷式发动机(图1-11)。水冷式发动以冷却液为冷却介质,风冷式发动机以空气作为冷却介质。汽车发动机多为水冷式。

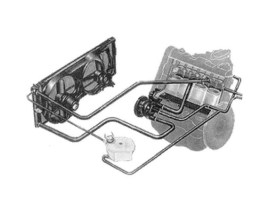

图1-10　水冷式发动机

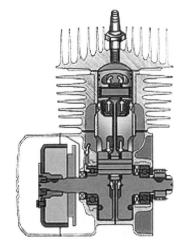

图1-11　风冷式发动机

6 按照汽缸数分类

发动机只有一个汽缸称为单缸发动机(图1-12),有两个以及两个以上汽缸的称为多缸发动机(图1-13)。多缸发动机还可根据汽缸的具体数目及其排列形式进一步分类,汽车发动机一般为多缸发动机。

图1-12　单缸发动机

图1-13　多缸发动机

7 按照汽缸的排列形式分类

按汽缸的排列形式不同,发动机可分为直列发动机(图1-14)、V形发动机(图1-15)、对置发动机(图1-16)和辐射式发动机(图1-17)。通常排气量在2.0L以下的汽车采用直列发动机,排气量在3.0L以上的汽车采用V形发动机。

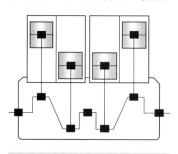

图1-14 直列发动机

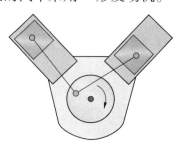

图1-15 V形发动机

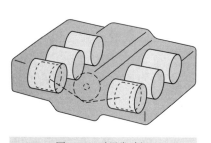

图1-16 对置发动机

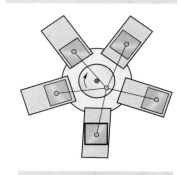

图1-17 辐射式发动机

8 按照进气系统是否采用增压方式分类

按照进气系统是否采用增压方式可将发动机分为自然吸气式(非增压式)发动机(图1-18)和强制进气式(增压式)发动机(图1-19)。汽油机常采用自然吸气式。

图1-18 自然吸气式发动机

图1-19 强制进气式发动机

小 提 示

东风雪铁龙新爱丽舍轿车采用的是四冲程、点燃、水冷、多缸、直列、自然吸气、往复活塞式汽油发动机。

引导问题3 发动机的基本组成是怎样的？

虽然发动机的结构形式多样,但是为了完成发动机工作循环所需要的基本构造是大致相同的。汽油机一般由两大机构五大系统组成;柴油机无点火系,是由两大机构四大系统组成。四缸四冲程汽油机的基本结构如图1-20所示。

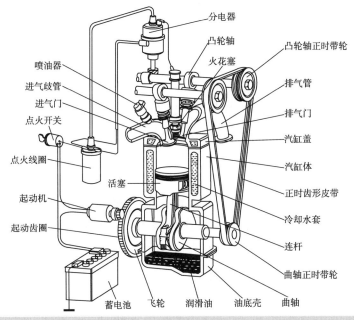

图1-20 四缸四冲程汽油机

1 曲柄连杆机构

曲柄连杆机构由汽缸体、汽缸盖、活塞、连杆、曲轴、油底壳等组成。其作用是提供燃烧场所,把燃料燃烧后气体作用在活塞顶上的膨胀压力转变为曲轴旋转的转矩,不断输出动力。

2 配气机构

配气机构由进气门、排气门、气门导管、气门弹簧、摇臂、推杆、凸轮轴、凸轮轴正

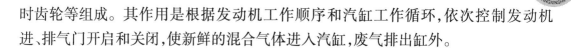

时齿轮等组成。其作用是根据发动机工作顺序和汽缸工作循环,依次控制发动机进、排气门开启和关闭,使新鲜的混合气体进入汽缸,废气排出缸外。

3 润滑系统

润滑系统由油底壳、集滤器、机油泵、油道、机油滤清器、机油压力开关、机油压力警告灯(在仪表板上)等组成。其作用是将机油不断地输送到发动机各零件的摩擦表面,减少零件间的摩擦和磨损。

4 燃油供给系统

燃油供给系统主要由汽油箱、汽油泵、汽油滤清器、空气滤清器、进气管、排气管、排气消声器等组成。其作用是把汽油和空气混合成成分合适的可燃混合气送入汽缸,以供燃烧,并将燃烧生成的废气排出发动机。

5 点火系统

点火系统主要由电源、点火线圈、分电器(或者电子点火模块)、火花塞等组成。其作用是将汽车的低压电变为高压电,并适时送到点火缸火花塞,点燃混合气,使发动机做功。柴油机没有点火系统。

6 起动系统

起动系统主要由蓄电池、起动机和起动控制电路等组成。其作用是供给发动机曲轴足够的起动转矩,使发动机曲轴达到必需的起动转速,发动机进入自行运转状态。当发动机进入自由运转状态后,便立即停止工作。

7 冷却系统

冷却系统主要由电动水泵、节温器和散热器等组成。其作用是保持发动机在最适宜的温度(80~90℃)范围内工作。

引导问题4 发动机的基本术语有哪些?

如图1-21所示,发动机的基本术语包括以下内容。
(1)上止点(TDC):活塞离曲轴回转中心最远处,一般指活塞上行到最高位置。
(2)下止点(BDC):活塞离曲轴回转中心最近处,一般指活塞下行到最低位置。
(3)活塞行程(S):上、下止点间的距离。

(4)曲柄半径(R):曲轴旋转中心到曲柄销中心之间的距离(mm)。曲轴旋转一周,活塞移动两个行程,$S=2R$。

(5)汽缸工作容积(V_h):活塞从上止点到下止点所扫过的空间容积(L)。

(6)燃烧室容积(V_c):活塞在上止点时,活塞顶部与汽缸盖之间的空间容积(L)。

(7)发动机排量(V_L):发动机所有汽缸工作容积之和(L)。

(8)汽缸总容积(V_a):活塞在下止点时,活塞上方的空间容积(L)。

(9)压缩比(ε):汽缸总容积与燃烧室容积的比值,即表示活塞由下止点运动到上止点时,汽缸内气体被压缩的程度,是发动机的一个重要参数。在一定范围内适当提高压缩比,可以改善发动机的经济性和动力性。汽油发动机的压缩比一般为6~10,柴油发动机的压缩比一般为16~22。

(10)工作循环:发动机在汽缸内每一次将燃料燃烧的热能转变成机械能的一系列过程。

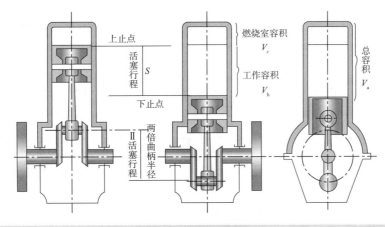

图1-21 发动机基本术语

引导问题5 **四冲程汽油机的工作原理是怎样的?**

四冲程汽油机完成一个工作循环,需要依次经历进气行程、压缩行程、做功行程和排气行程四个工作过程。

1 进气行程

活塞由曲轴带动从上止点向下止点运动,进气门打开,排气门关闭。活塞在移动的过程中,活塞上腔的容积逐渐增大,在真空吸力的作用下,经过滤清的空气与汽油形成混合气,通过进气门被吸入汽缸,至活塞运动到下止点时,进气门关闭,停止进气,进气行程结束(图1-22)。

2 压缩行程

活塞在曲轴的带动下,从下止点向上止点运动,进、排气门均关闭。活塞上腔容积不断减小,混合气被压缩,至活塞到达上止点时,压缩行程结束。在这个过程中,气体压力和温度同时升高,混合气进一步混合,形成可燃混合气。此时,汽缸内压力为600~1500kPa,温度为600~800K,远高于汽油的点燃温度,混合气很容易被点燃(图1-23)。

3 做功行程

压缩行程结束时,火花塞产生电火花,点燃汽缸内的可燃混合气,使混合气迅速着火燃烧,产生高温、高压的气体。高温高压气体推动活塞由上止点向下止点运动,并通过连杆驱动曲轴旋转向外输出做功(图1-24)。

4 排气行程

在做功行程终了时,排气门打开,进气门关闭,活塞在曲轴的带动下由下止点向上止点运动。废气在自身的剩余压力和活塞的驱赶作用下,自排气门排出汽缸;至活塞运动到上止点时,排气门关闭,排气行程结束(图1-25)。

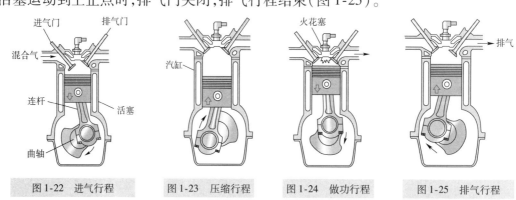

图1-22 进气行程　　图1-23 压缩行程　　图1-24 做功行程　　图1-25 排气行程

引导问题6 四冲程柴油机的工作原理和四冲程汽油机的工作原理有何区别?

柴油机的工作原理和汽油机大体一样,同样也是由进气行程、压缩行程、做功行程和排气行程组成(图1-26)。但柴油机的燃料是柴油,其黏度比汽油大,而其自燃温度比汽油低,故柴油机的可燃混合气的形成及点火方式都与汽油机不同。

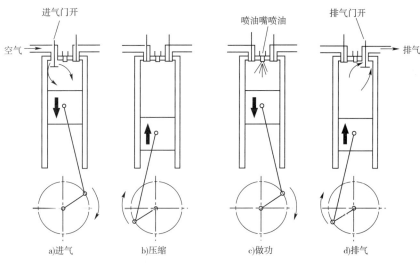

图1-26 柴油机的四个行程

引导问题7 发动机的附件是怎样驱动的?

大多数发动机通过传动带驱动各种附件的运转,例如驱动空调的压缩机、动力转向油泵、交流发电机等(图1-27)。

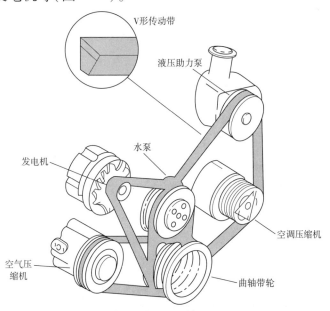

图1-27 发动机传动带

学习任务一　发动机传动带的检查和更换

引导问题8　为何要定期更换传动带？

发动机通过传动带驱动各种辅助机构运转,工作温度高、转速快,而且传动带长期外露在发动机机舱,非常容易磨损。传动带磨损后,相关的辅助机构丧失功能,从而影响汽车的正常使用。因此,汽车生产厂家都要求汽车在规定的里程或时间内,由维修人员对传动带进行定期检查和更换。

各个生产厂家的要求并不一样,不同车型的传动带更换周期也不相同,具体可参考维修手册。

引导问题9　传动带为什么要进行调整？

传动带过松,可能造成滑齿、传动不完全等现象发生。而传动带调整过紧,则会使传动带拉伸变形,同时,也会加速皮带轮及轴承的磨损。因此,应该调整相关的螺母或螺栓,使皮带的张力在最佳状态工作。

引导问题10　发动机为什么要定期进行维护？

汽车在使用过程中,其技术状况和使用性能会随着行驶里程的增加和外界条件的变化而逐渐变坏,使汽车的动力性下降、经济性变坏、排气和噪声污染加剧、可靠性下降。因此,在使用过程中对汽车进行必要的维护,可以及时发现和消除隐患,防止故障的发生,提高车辆的完好率、出勤率和经济效益,从而有效地延长汽车的使用寿命。维护的主要原则是:"预防为主、定期检测、强制维护"。有关发动机的各种维护项目要求在相关资料中都有详细的介绍。

引导问题11　东风雪铁龙轿车的维护提示灯的作用是什么？

在车速—里程表处设有维护提示灯,它会提示到下一次维护的里程。每次在接通点火开关的5s内,维护提示灯会点亮,同时在总里程表处显示出到下一次维护还剩余的里程数,提醒驾驶员再行驶多少千米就需要维护。如果维护期限未到,5s后恢复正常显示。如果车辆超过了维护期限,每次接通点火开关的5s内,维护提示灯和已超过维护规定的里程数会闪烁,5s之后,里程表恢复正常显示,但是维护提示灯一直亮着。

首次维护提示里程为10000km。在首次维护10000km和定期维护每间隔10000km的维护做完后,才需要对维护提示里程计数器初始化。在其他里程时,不要对维护提示里程计数器初始化,否则维护提示的里程与真正应该维护的里程就不一致,也就不能起到维护提示的真正作用。

对于没有设定首次维护提示的车辆,在首次维护时就不要对维护提示里程计数器初始化。

二、实施作业

引导问题12 作业时需要哪些工具、材料和设备?

(1)工具:塑料铆钉拆装钳(图1-28),皮带张力数字显示检测仪ZX4122-T(图1-29),发动机拆装专用工具一套(图1-30)。

图1-28 塑料铆钉拆装

图1-29 皮带张力数字显示检测仪

(2)防护五件套(图1-31)、翼子板布和前格栅布(图1-32)。

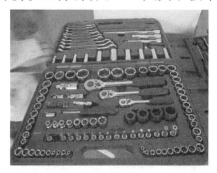

图1-30 发动机拆装工具

图1-31 防护五件套

(3) 爱丽舍轿车(图1-33)和双柱举升机(图1-34)。

图1-32 翼子板布和前格栅布

图1-33 爱丽舍轿车

(4) 资料:《东风雪铁龙爱丽舍轿车维修手册》,如图1-35所示。

图1-34 双柱举升机

图1-35 《东风雪铁龙爱丽舍轿车维修手册》

引导问题13 如何查找车辆识别信息?

车辆识别信息包括生产年份、车牌号码、车型及行驶里程、汽车识别代码(VIN)、发动机型号和排量。车辆识别代码的位置如图1-36所示。

引导问题14 作业前的准备有哪些?

(1) 汽车进入工位前,将工位清理干净(图1-37),准备好相关的器材。
(2) 将汽车停驻在工位上,如图1-38所示。

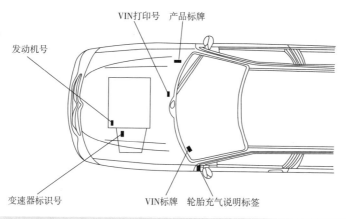

图1-36　东风雪铁龙爱丽舍轿车车辆识别

图1-37　作业前清理工位

图1-38　汽车停驻在举升机中央

(3)拉紧驻车制动杆,变速杆置于驻车挡,如图1-39所示。

引导问题15　实施作业前需要进行哪些防护措施?

实施作业前需要安装防护五件套,操作步骤和方法如下。

(1)安装地板垫。将地板垫铺设在驾驶座前地板上,用双手铺平,如图1-40所示。

(2)安装座椅套。先将座椅套打开,然后找到座椅套的开口处,从上往下整齐地将座椅套套在驾驶座上,如图1-41所示。

(3)安装转向盘套。展开转向盘套,先套好转向盘上方,然后由上往下拉,完整套好转向盘套,如图1-42所示。

(4)安装变挡杆套,如图1-43所示。

(5)安装驻车制动杆套,如图1-44所示。

学习任务一 发动机传动带的检查和更换

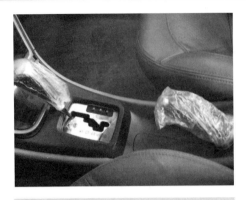

图1-39 拉紧驻车制动杆、变速杆置于驻车挡

图1-40 铺设地板垫

图1-41 安装座椅套

图1-42 安装方向盘套

图1-43 安装变挡杆套

图1-44 安装驻车制动杆套

引导问题16 在对发动机舱进行作业前需要采取的防护措施有哪些？

（1）在车内拉动发动机舱盖手柄，在车外打开并支撑发动机舱盖，安装翼子板布和前格栅布，如图1-45所示。

（2）安装左侧翼子板布：将翼子板布左端磁铁吸在车辆翼子板最前端，按顺序将翼子板布的所有磁铁全都吸附在左侧翼子板上,如图 1-46 所示。

图 1-45　打开发动机舱盖并可靠支撑

图 1-46　安装左侧翼子板布

(3)安装前格栅布:在车辆前部中间位置,将前格栅布放置在车辆正前方的前格栅上,如图 1-47 所示。

(4)安装右侧翼子板布:将翼子板布右端与车辆的右翼子板的最前端吸住,按顺序将翼子板布的所有磁铁全都吸附在右侧翼子板上,如图 1-48 所示。

图 1-47　安装前格栅布

图 1-48　安装右侧翼子板布

引导问题 17　如何正确操作举升机(以双柱举升机为例)?

(1)安装举升机支撑臂至车身举升处,如图 1-49 所示。

(2)确定支撑安全可将汽车举升(一人观察确认,另一人操纵举升机),如图 1-50 所示。

(3)将汽车举升少许,检查支撑是否可靠,如图 1-51 所示。

(4)将汽车举升至合适高度,打开油缸阀门,使举升机保险锁止可靠,如图 1-52 所示。

学习任务一　发动机传动带的检查和更换

图1-49　安装举升机支撑臂至车身举升处

图1-50　确定支撑安全

图1-51　检查支撑是否可靠

图1-52　举升机保险锁止可靠

（5）将汽车举升少许，如图1-53所示。

（6）解除举升机保险，如图1-54所示。

图1-53　汽车举升少许

图1-54　解除举升机保险

（7）打开油缸阀门，使汽车降落，如图1-55所示。

（8）整理举升机举升臂归位，如图1-56所示。

图1-55　汽车降落

图1-56　整理举升臂

引导问题18 怎样规范地就车拆卸传动带？

（1）断开蓄电池正极（图1-57）。

（2）举升车辆至半人高度，锁止，拆除右前轮（图1-58）。

图1-57　断开蓄电池正极

图1-58　拆除右前轮

（3）使用专用工具拆除右前挡泥板（图1-59）。

（4）若拆除传送带有可能重新安装使用，则在传动带上标明旋转方向（图1-60）。

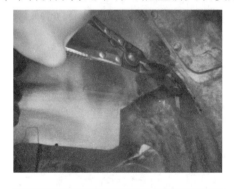

图1-59　拆除右前挡泥板

图1-60　标明传动带旋转方

学习任务一　发动机传动带的检查和更换

> **小提示**
>
> 旋转方向为顺时针方向。

（5）拧松螺栓1、螺栓2、螺栓3（图1-61），拆卸动力转向泵皮带。

（6）拧松螺栓4及螺栓5（图1-62）拆除发电机传动带。

图1-61　张紧轮紧固螺栓

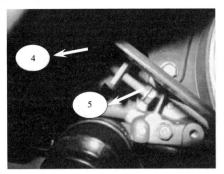

图1-62　发电机紧固螺栓

（7）先拆卸发电机传动带，再拆卸水泵的传动带（图1-63）。

引导问题19　怎样检查、清洁传动带？

在检查之前，应保证正时带不接触机油、水或蒸汽。主要检查齿带有无开裂、软化、侧面磨亮、表面剥落、起层、拉长、严重磨损等现象，有则应更换。

图1-63　皮带拆除后

引导问题20　怎样规范地安装空调压缩机传动带？

（1）安装曲轴皮带轮、空调压缩机皮带轮、助力转向泵皮带轮、张紧轮以及传动带（图1-64），安装时注意传动带的旋转方向。

（2）把皮带张力数字显示检测仪 ZX4122-T 安装在传动带上（图1-65）。

（3）拧紧螺栓3使皮带张紧力达到120±3个单位（图1-66）。

（4）拧紧螺栓1（图1-67）及螺栓2。

图 1-64　安装压缩机传动带

图 1-65　安装皮带张力数字显示检测仪

图 1-66　拧紧螺栓

图 1-67　拧紧螺栓 1

（5）拆下皮带张力数字显示检测仪（图 1-68）。

引导问题 21　怎样规范地安装发电机传动带？

（1）将皮带张力数字显示检测仪 ZX4122-T 安装在发电机传动带上（图 1-69）。

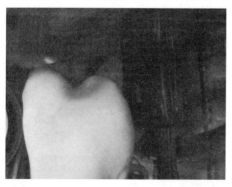

图 1-68　拆下皮带张力数字显示检测仪螺栓

图 1-69　安装皮带张力数字显示检测仪

（2）拧紧螺栓 2 使皮带张紧力达到 120±3 个单位（图 1-70）。

（3）拆下皮带张力数字显示检测仪（图1-71）。

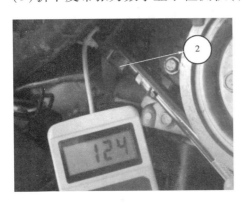

图1-70 拧紧螺栓

图1-71 拆下皮带张力数字显示检测仪

（4）拧紧螺栓4（图1-72）。

（5）装上右前挡泥板与右前车轮（图1-73）。

图1-72 拧紧螺栓4

图1-73 安装挡泥板

（6）将车车辆放到地面上，清洁地面。

引导问题22 如何对维护提示器进行初始化？（随车型的不同，初始化的方法也不一样）

（1）关闭点火开关，按下初始化按钮（不要松开按钮）（图1-74）。

（2）打开点火开关，并置于"M"挡（图1-75）。点火开关旋至"M"挡期间初始化按钮不要松开。

图1-74 按住初始化按钮

(3)"维护提示里程"处出现 1＜＜15＜＜150＜＜1500＜＜15000(每秒钟出现一个数字),直至显示15000时,松开初始化按钮(图1-76),关闭点火开关。

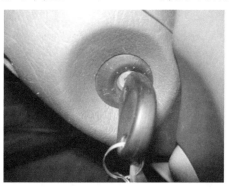

图1-75 旋至"M"挡

图1-76 维护提示初始化

三、评价与反馈

(1)对本学习任务进行评价并填写评价表(表1-1)。

评 分 表　　　　　　　　　表1-1

考核项目	评分标准	分值	学生自评	小组评价	教师评价	小计
团队合作	是否和谐	5				
活动参与	是否主动	5				
安全生产	有无安全隐患	10				
现场5S	是否做到	10				
任务方案	是否合理	15				
操作过程	1.拆卸传动带; 2.检查传动带; 3.安装传动带; 4.维护清零	30				
任务完成情况	是否圆满完成	5				
操作过程	是否标准规范	10				
劳动纪律	是否严格遵守	5				
工单填写	是否完整、规范	5				
	总分	100				
教师签名				得分		

学习任务一　发动机传动带的检查和更换

（2）在实施的过程中是否存在一些安全隐患？请找出容易忽视的地方。

（3）口述传动带拆装的步骤。

四、学 习 拓 展

（1）查阅资料，进一步了解更换传动带时怎样进行双人作业配合。

（2）查阅资料，说明东风雪铁龙爱丽舍轿车传动带与卡罗拉轿车传动带的拆装方法有哪些不同。

（3）查阅资料，说明桑塔纳轿车传动带的拆装方法。

学习任务二

发动机正时皮带的检查和更换

完成本学习任务后,你应该能:
1. 说出配气机构常见的传动形式;
2. 明确发动机正时皮带的检查方法和更换周期;
3. 正确地使用工具和设备;
4. 与同学密切合作,规范地更换和调整发动机正时皮带。

 建议完成本学习任务的时间为 8 课时。

 学习任务描述

一辆新爱丽舍1.6L轿车到4S店做维护,经检查后发现发动机的正时皮带已达到规定的更换周期,需要对正时皮带进行更换并进行调整。

学习任务二　发动机正时皮带的检查和更换

学习内容

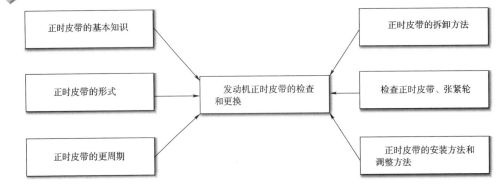

一、资料收集

引导问题1　　发动机正时皮带的作用是什么？

汽车发动机在工作过程中，汽缸内不断重复进气、压缩、做功、排气过程，而且每个行程都与活塞的运动状态和位置相配合，使进气与排气及活塞升降相互协调起来，正时皮带在曲轴的带动下将力传递给配气机构，使进、排气门有规律地运动，发动机正常运转。同时，部分发动机的水泵等附件也由正时皮带驱动，如图2-1所示。

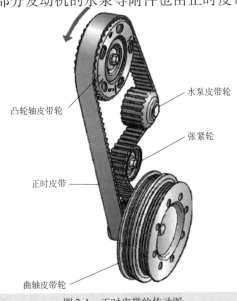

图2-1　正时皮带的传动图

引导问题2 配气机构的传动形式主要有哪几种形式？各自的优缺点是什么？

　　配气机构的传动形式主要分为正时皮带传动（图2-2）和链条传动（图2-3）。
　　东风雪铁龙爱丽舍轿车采用的是皮带传动。正时皮带传动结构简单,传动平稳无噪声,重量轻、价格便宜,不需要润滑,但必须定期检查,定期更换。正时皮带不能沾染油、水、污垢等物质。丰田卡罗拉轿车采用的链条传动,特点是可靠性好,能保证传动的精确性,且使用寿命长,但噪声较大,需要润滑和定期张紧。

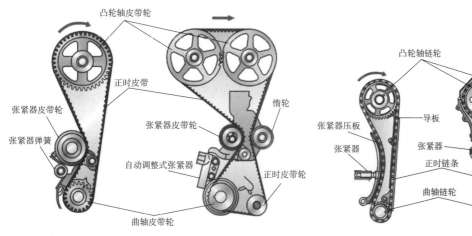

图2-2　正时皮带传动　　　　　　图2-3　正时链条传动

引导问题3 发动机正时皮带为什么要定期更换？

　　正时皮带一般用橡胶材料制成。随着发动机工作时间的增加,正时皮带和正时皮带的附件,如正时皮带张紧轮、正时皮带张紧轮等都会发生磨损或老化。
　　正时皮带磨损后,易发生跳齿,使发动机不能正常工作,会出现怠速不稳、加速不良或不能正常起动等现象。正时皮带磨损严重,易导致正时皮带断裂,造成发动机熄火。因此,凡是装有正时皮带的发动机,厂家都会严格要求在规定的周期内更换正时皮带及附件。更换周期则随着发动机的结构不同而有所不同,一般在车辆行驶到60 000～100 000km时应该更换,具体的更换周期应该以车辆的维护手册说明为准。

引导问题4 发动机正时皮带张紧轮总成的作用是什么？

　　为了确保传动可靠,在齿形带传动机构中一般设有带张紧弹簧的张紧轮,从而使齿形带保持一定的张紧力。张紧轮一般布置在松边的内侧,从而使正时皮带只承

学习任务二 发动机正时皮带的检查和更换

受单向弯曲。

引导问题 5 发动机曲轴正时齿轮的作用是什么？

曲轴正时齿轮的作用是连接曲轴和正时皮带,将曲轴的旋转力矩传递给正时皮带。曲轴正时齿轮通过内孔和键槽安装在曲轴的前端轴上。有些曲轴的正时齿轮上设有标记,以便于安装检查。

二、实 施 作 业

引导问题 6 作业时需要哪些工具、材料和设备？

（1）工具：凸轮轴定位销、曲轴定位销、正时皮带支承夹、张紧轮止动销、世达150件套组合工具、螺栓紧固角度仪、游标卡尺和测力器,如图2-4所示。

a) 凸轮轴定位销

b) 曲轴定位销

c) 正时皮带支承夹

d) 张紧轮止动销

e) 世达150件套组合工具

f) 螺栓紧固角度仪

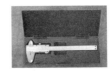
g) 游标卡尺

h) 测力器

图2-4　作业所需工具

（2）TU5JP4 发动机台架（图2-5）、丰田1ZR-FE 发动机台架（图2-6）。

图2-5　TU5JP4 发动机台架

图2-6　丰田1ZR-FE 发动机台架

(3)资料:《东风雪铁龙爱丽舍轿车维修手册》、《卡罗拉轿车维修手册》。

引导问题7 通过查询维修手册,在汽车上寻找相关信息填空(图2-7)。

发动机型号标识各部分的含义_____。

引导问题8 作业前的准备有哪些?

(1)对工位进行清洁,准备好相关器材。
(2)发动机台架进入工位,配备工具车及工作台,如图2-8所示。

图2-7 TU5JP4发动机标识区   图2-8 工位布置图

引导问题9 怎样规范地拆卸正时皮带?

(1)拆下正时齿轮室盖,转动飞轮,用飞轮定位销定位发动机飞轮(图2-9)。
(2)用凸轮轴定位销将进排气凸轮轴定位(图2-10),拆下正时齿轮盖下盖。

图2-9 飞轮定位   图2-10 凸轮轴定位

(3)拆下正时齿轮室下盖,拧松张紧轮紧固螺母,在"a"处用内六角扳手转动张紧轮以便将张紧轮止动销工具D放置到位。顺时针转动张紧轮指示器"c"定位在"b"处,便可将正时皮带置于最松弛状态,如图2-11所示。

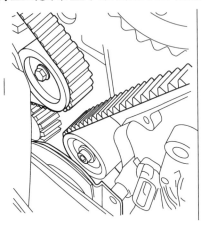
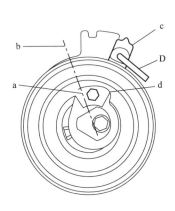

图2-11 拆卸张紧轮

在使用内六角扳手转动张紧轮时,不要让张紧轮转一整圈。

(4)拆卸正时皮带。

引导问题10 怎样检查发动机正时皮带?

在检查之前,应保证正时皮带不接触机油、水或蒸汽。主要检查齿带有无开裂和损坏,以及有无明显的磨损和裂纹。若有,则应进行修复或者更换正时皮带。

引导问题 11　怎样检查张紧器和张紧弹簧?

（1）检查张紧轮。检查张紧器的柱塞移动是否平稳(图 2-12),柱塞锁止是否到位(图 2-13)。

图 2-12　检查张紧轮的柱塞

图 2-13　检查张紧轮的锁止

（2）检查张紧轮弹簧(图 2-14)。测量张紧轮弹簧的自由长度为＿＿＿＿＿＿,弹簧的自由长度应为＿＿＿＿＿＿。如果弹簧的自由长度与规定值不符,更应更换弹簧。

在规定的安装长度时测量弹簧的拉力,与规定值进行比较。若张紧力不符合规定,则应更换弹簧。

图 2-14　检查张紧弹簧

引导问题 12　怎样规范地安装正时皮带?

（1）安装曲轴定位销(图 2-15)、凸轮轴定位销(图 2-16)、张紧轮定位销(图2-17)。

图 2-15　安装曲轴定位销

图 2-16　安装凸轮轴定位销

(2)安装正时皮带,注意将皮带标记"A"与曲轴齿轮上槽口"D"对齐,如图2-18所示。

图2-17 安装张紧轮定位销

图2-18 对准正时皮带与曲轴齿轮标记

图2-19 安装曲轴正时皮带支撑夹卡

(3)将皮带套在曲轴正时齿轮上,将曲轴正时皮带支撑夹卡在曲轴齿轮上以便皮带齿不能错动(图2-19)。

(4)写出图2-20中各轮的名称,并按照进气凸轮轴齿轮、排气凸轮轴齿轮、导轮、曲轴齿轮、张紧轮的顺序安装正时皮带。皮带上"C"、"B"两标识应与凸轮轴齿轮上的"F"、"E"标识对齐,如图2-21所示。

(5)取出飞轮定位销、凸轮轴定位销、正时皮带支撑夹和张紧轮止动销,调整张紧轮,调整方法为:用内六角扳手转动张紧轮调整螺孔(图2-22),使张皮带处于最大张紧位置。将指针"c"(图2-23)调整至"d"(图2-24)处,拧紧张紧轮固定螺母,拧紧力矩为10N·m。

图2-20 正时皮带安装顺序

查阅资料后请填写:
① _____
② _____
③ _____
④ _____
⑤ _____
⑥ _____

(6)将曲轴按发动机旋转方向转动4圈(图2-25)。

(7)检查皮带安装情况。重复步骤1,检查指针"c"应不超过缺口"e"处的左侧(图2-26),否则重新调整张力,直至在合格范围内为止。

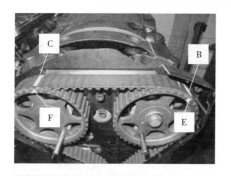

图 2-21　凸轮轴标记

图 2-22　调整张紧轮

图 2-23　张紧轮调整前

图 2-24　张紧轮调整后

图 2-25　转动曲轴

图 2-26　指针在合格位置

(8) 重复步骤 3，装正时齿轮盖以及其他附件。

(9) 清洁场地。

引导问题 13　怎样规范地检查正时链条？

(1) 用 147N 的力拉链条（图 2-27）。

(2) 用游标卡尺测量 15 个链节的长度（在任意 3 个位置进行测量，使用测量值的平均值）。最大链条伸长量为 115.2mm（图 2-28），如果平均伸长量大于最大值，则应更换链条。

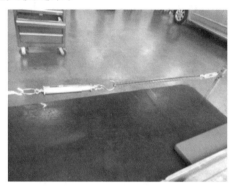

图 2-27 检查链条

图 2-28 测量链条的伸长量

 小 提 示

测量时,游标卡尺的卡钳必须与链轮接触。

引导问题 14 如何规范地检查进、排气凸轮轴正时齿轮总成?

(1)将链条绕在凸轮轴进气正时齿轮上,用游标卡尺测量齿轮和链条的直径(图 2-29)。如果小于最小齿轮直径 96.8mm,则应更换链条和齿轮。

(2)将链条绕在凸轮轴排气正时齿轮上,用游标卡尺测量齿轮和链条的直径(图 2-30)。如果小于最小齿轮直径 96.8mm,则应更换链条和齿轮。

(3)将链条绕在曲轴正时齿轮上,用游标卡尺测量齿轮和链条的直径(图 2-31)。如果小于最小齿轮直径 51.1mm,则应更换链条和齿轮。

图 2-29 测量进气凸轮轴正时齿轮直径

 小 提 示

测量时,游标卡尺的卡钳必须与链轮接触,同时最小齿轮直径是包括链条的。

图 2-30 测量排气凸轮轴正时齿轮直径

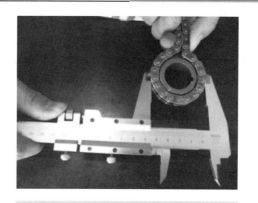

图 2-31 测量曲轴正时齿轮直径

三、评价与反馈

(1) 对本学习任务进行评价并填写评价表(表2-1)。

评 分 表　　　　　　　　　　　表2-1

考核项目	评分标准	分值	学生自评	小组评价	教师评价	小计
团队合作	是否和谐	5				
活动参与	是否主动	5				
安全生产	有无安全隐患	10				
现场5S	是否做到	10				
任务方案	是否合理	15				
操作过程	1. 拆卸正时皮带； 2. 检查正时皮带； 3. 检查张紧器； 4. 安装正时皮带	10				
任务完成情况	是否圆满完成	10				
操作过程	是否标准规范	10				
劳动纪律	是否严格遵守	5				
工单填写	是否完整、规范	10				
	总分	100				
教师签名				得分		

(2) 在实施的过程中是否存在一些安全隐患？请找出容易被忽视的地方。

(3)口述正时皮带拆装的步骤。

四、学习拓展

(1)查阅资料,进一步了解正时皮带拆装时怎样进行双人作业配合。

(2)查阅资料,说明东风雪铁龙爱丽舍轿车与卡罗拉轿车正时皮带的拆装方法有哪些不同。

(3)查阅资料,说明卡罗拉汽车的正时链条的拆装方法。

汽车发动机机械维修

学习任务三

曲柄连杆机构的检测与维修

学习目标

完成本任务后,你应该能:
1. 叙述曲柄连杆机构的基本构造和工作原理;
2. 明确汽缸、连杆、曲轴、活塞等主要部件的检测及维修方法;
3. 明确活塞连杆的拆装工艺与活塞环的拆装工艺;
4. 正确地使用工具和设备;
5. 与同学密切合作,规范地拆装汽缸盖。

  建议完成本学习任务的时间为 **12** 课时。

  学习任务描述

一辆新爱丽舍 1.6L 轿车车主反映:汽车发动机耗油增大,机油压力报警灯闪烁,曲轴箱内有异常的振动与噪声,经过压力测试初步判断为曲柄连杆机构的故障,必须解体发动机对曲柄连杆机构进行检查。

学习任务三 曲柄连杆机构的检测与维修

学习内容

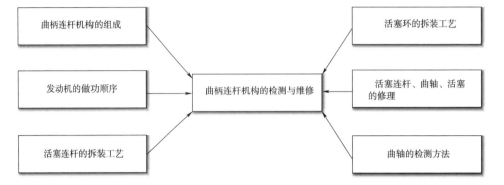

一、资料收集

引导问题1 ▷ 曲柄连杆机构的作用及组成是什么?

曲柄连杆机构由机体组、活塞连杆组和曲轴飞轮组三部分组成(图3-1)。

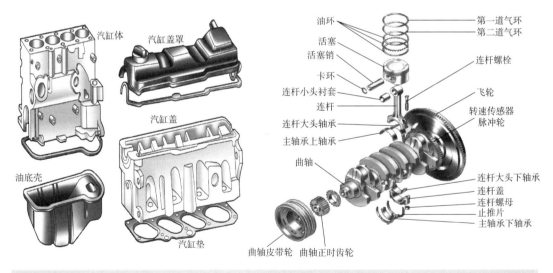

图3-1 机体组、活塞连杆组和曲轴飞轮组总图

引导问题2 ▷ 机体组的主要部件有哪些?主要作用是什么?

机体组由汽缸盖罩(图3-2)与汽缸盖和汽缸垫(图3-3)、汽缸体(图3-4)和油底壳和密封垫(图3-5)组成。

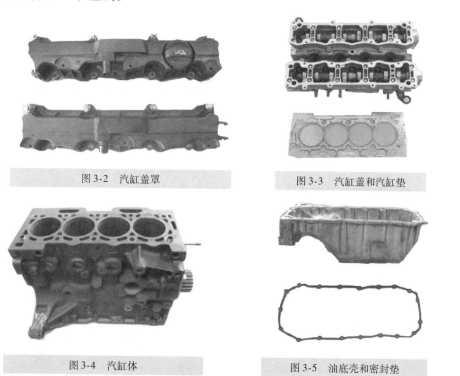

图3-2 汽缸盖罩

图3-3 汽缸盖和汽缸垫

图3-4 汽缸体

图3-5 油底壳和密封垫

1 汽缸盖

汽缸盖的作用是封闭汽缸的上部,并与活塞顶部、汽缸壁共同构成燃烧室。汽缸盖上安装着进气门和排气门,凸轮轴或摇臂轴,火花塞(汽油机)、喷油器(柴油机)及进排气歧管(图3-6)。

2 汽缸垫

汽缸垫的作用是保证汽缸和汽缸盖之间燃烧气体、冷却液、机油以及窜漏气体的密封性,如图3-7所示。各标记含义见表3-1、表3-2。

图3-6 汽缸盖

图3-7 汽缸垫

汽缸垫各标记含义　　　　　　　　　　　　表3-1

标记	含　义	标记	含　义
a	发动机的类型	d	此处有切口表示不含石棉
b	供应商标记	e	维修加厚标记,有切口表示维修加厚用缸垫
c	厚度标记		

汽缸垫侧面切口含义　　　　　　　　　　　　表3-2

发动机型号	切　口　1	切　口　2	切　口　3	切　口　4
TU3JPK	有	无	有	无
TU5JPK	有	无	无	有
TU5JP4	无	有	有	有

各发动机汽缸垫的厚度见表3-3。

发动机汽缸垫的厚度　　　　　　　　　　　　表3-3

发动机型号	车　系	汽缸垫标准厚度(mm)	汽缸盖修理后汽缸垫厚度(加厚)(mm)
TU3JPK	富康、爱丽舍	1.20	1.40
TU5JPK	富康、爱丽舍	1.45	1.65
TU5JP4	富康、爱丽舍	0.65	0.85
TU5JP	毕加索PL	1.45	1.65
EW10J4	毕加索、塞纳2.0i	0.80	1.10

　　汽缸漏油或汽缸垫磨损过度时要换原厂家的新件。汽缸盖下表面或汽缸体上表面维修过的发动机其汽缸垫采用加厚型的,且安装时使"TOP"字符朝上。

3 汽缸体

汽缸体是发动机机件的安装基础,各附件的安装面如图3-8所示。

水冷发动机的汽缸体和曲轴箱制为一体且多缸发动机的各个汽缸也和曲轴箱铸成一体(图3-9),称为汽缸体—曲轴箱,简称汽缸体。

TU5JP4发动机汽缸体技术参数,其中A处为识别标记(维修尺寸),见表3-4。

TU5JP4发动机汽缸体技术参数　　　　　　　　　　　表3-4

尺寸(mm)	标准尺寸(mm)	维修尺寸(mm)
$\phi C(0, +0.03)$	78.5	78.9
$B(-0.05, +0.05)$	265.23	265.03

a) 安装机油滤清器等附件面图

b) 分布油道、水道等

c) 油底壳安装面图

d) 飞轮安装面

图3-8　汽缸体各附件安装面

（1）汽缸体的结构分为整体式和多片式。整体式汽缸体又可以分为一般式、龙门式和隧道式三种（图3-10）。

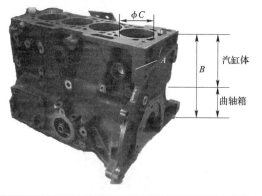

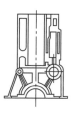
a) 一般式

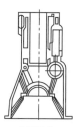
b) 龙门式

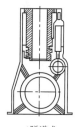
c) 隧道式

图3-9　汽缸体　　　　　　　　图3-10　汽缸体的种类

（2）汽缸体依汽缸排列形式分为三类：直列式、V形和对置式（图3-11）。

（3）现代汽车多采用在汽缸体内镶嵌耐磨性能较好的汽缸套，以延长汽缸的使用寿命。根据是否与冷却水接触，汽缸套分为干式汽缸套和湿式汽缸套两种（图3-12）。

通常汽油机使用干式汽缸套，柴油机使用湿式汽缸套。汽缸套的基本特性见表3-5。

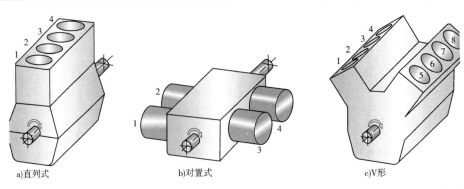

a) 直列式 b) 对置式 c) V形

图 3-11 缸体的种类

汽缸套的基本特性 表 3-5

类型	特性	壁厚（mm）	与汽缸的配合关系	定位	装配要求
干式汽缸套	不与冷却水接触	1~3	过盈配合	过盈配合	检查圆度和圆柱度误差
湿式汽缸套	与冷却水接触，其外装有耐油、耐热橡胶密封圈	5~9	间隙配合	上部凸缘的支承平面	高出汽缸体 0.05~0.15mm

4 油底壳

油底壳的功用是储存机油并密封曲轴箱。油底壳的底部装有磁性的放油螺栓，用于放油和吸附润滑油中的铁屑，减少发动机的磨损（图3-13）。放油螺塞下的密封垫为一次性件，拆后换新的。油底壳漏油多是因油底壳衬垫出现老化、裂纹或折断而导致，所以油底壳漏油时要更换油底壳衬垫。

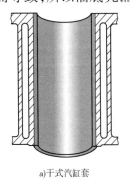
a) 干式汽缸套

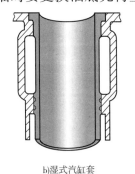
b) 湿式汽缸套

图 3-12 汽缸套种类

图 3-13 油底壳

引导问题3 活塞连杆组的主要部件有哪些？主要作用是什么？

活塞连杆组主要由活塞环、活塞销、活塞、连杆、连杆轴承、连杆盖和连杆螺栓组成(图3-14)。

1 活塞

活塞承受汽缸中的燃烧压力,并将此压力通过活塞销和连杆传给曲轴,活塞、汽缸盖和汽缸壁共同组成燃烧室。

活塞由活塞顶部、活塞头部和活塞裙部三部分组成,如图3-15所示。

❶ 活塞顶部

活塞顶部是燃烧室的组成部分,常制成不同的形状(图3-16)。

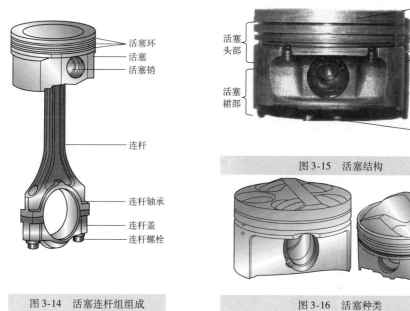

图3-14 活塞连杆组组成

图3-15 活塞结构

图3-16 活塞种类

(1)平顶活塞:结构简单、制造容易、受热面积小、应力分布较均匀,多用在汽油车上。

(2)凸顶活塞:凸起呈球状、顶部强度高,起导向作用,有利于改善换气过程。

(3)凹顶活塞:凹坑的形状、位置必须有利于可燃混合气的燃烧;提高压缩比,防止碰气门。

❷ 活塞头部

活塞顶部到油环环槽之间的部分称为活塞头部(图3-17),上面有2~3道槽用来安装气环,最下面一道安装油环,油环环槽的底部钻有若干小孔,使油环从汽缸壁上刮下的多余的润滑油流回油底壳。其作用是:

(1)安装活塞环、与活塞环一起密封汽缸；
(2)防止可燃混合气漏到曲轴箱内；
(3)将顶部吸收的热量通过活塞环传给汽缸壁。

❸ 活塞裙部

活塞环槽以下的部分称为活塞裙部,其作用是引导活塞在汽缸中作往复的运动,并承受侧压力。活塞受热膨胀后为保证与汽缸壁均匀的间隙,一般有两种结构形式(图3-18)。

图3-17 活塞头部

图3-18 活塞裙部

活塞销的作用是连接活塞和连杆小头,将活塞所承受的气体压力传给连杆,常见的活塞销结构形式如图3-19所示。

图3-19 活塞销

活塞销的连接方式有全浮式和半浮式两种(图3-20)。

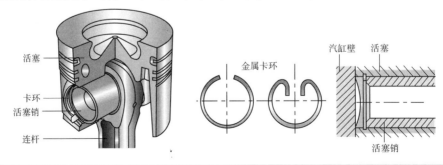

图3-20 活塞销全浮式安装

全浮式活塞销在连杆小头承套孔和活塞销座孔内运动,为防止活塞销轴向窜动而损坏汽缸壁,在活塞销座两端装有弹性卡环来限位(图3-21)。

半浮式活塞销只在活塞销孔内转动,连杆小头孔内不装承套,活塞销座两端不装挡圈(图3-22)。

图3-21 全浮式活塞销

图3-22 半浮式活塞销

4 燃烧室的形状

不同形状的燃烧室的特点如下:

(1)半球形燃烧室:结构最紧凑,燃烧室表面积与其容积之比(面容比)最小;进排气门呈两列倾斜布置,气门直径较大,气道较平直;火焰传播距离较短,不能产生挤气涡流,如图3-23a)所示。

(2)屋顶形燃烧室:结构更加紧凑,火花塞布置在燃烧室中央,火焰行程短,燃烧速率高,散热面积小,有利于燃料完全燃烧,排放控制性好,如图3-23b)所示。

(3)楔形燃烧室:结构简单,紧凑,在压缩终了时能形成挤气涡流,但对于HC排放不利,如图3-23c)所示。

(4)盆形燃烧室:结构简单,汽缸盖的工艺性好,成本低但不紧凑,如图3-23d)所示。

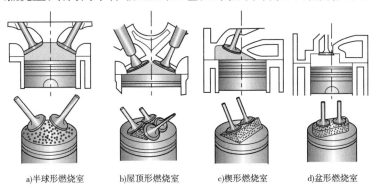

a)半球形燃烧室　b)屋顶形燃烧室　c)楔形燃烧室　d)盆形燃烧室

图3-23 燃烧室的形状

5 活塞环

活塞环分为气环和油环两种,油环又分为整体式油环和组合式油环(图3-24)。

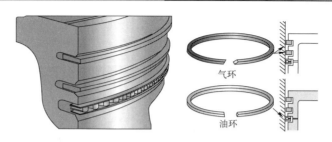

图 3-24 活塞环

（1）气环的作用：气环密封汽缸中的高温高压的燃气，防止漏入曲轴箱，并将活塞头部的 70%～80% 的热量传导给汽缸壁。气环的分类和断面形状见表 3-6。

气环的分类及形状　　　　　　　　表 3-6

气环名称	断面结构	
矩形环	柱面矩形环	内倒角柱面矩形环
扭曲环	内大角柱面矩形环	外切扭曲环
梯形环	柱面梯形环	正扭曲柱面梯形环
梯形桶面环	桶面梯形环	正扭曲桶面梯形环
梯形锥面环	锥面梯形环	正扭曲锥面梯形环
楔形环		
楔形桶面环		
楔形锥面环	锥面楔形环	鼻形锥面楔形环

(2)油环的作用：刮除汽缸壁上多余的机油，并在汽缸壁上布油（图3-25）。活塞环的刮油和泵油作用如图3-26所示。

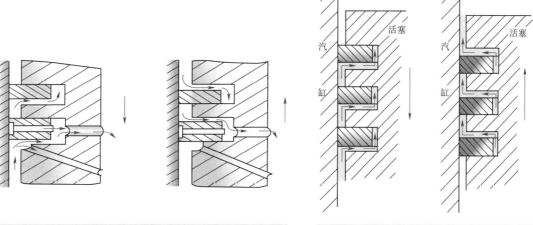

图3-25　油环的工作原理　　　　　图3-26　活塞环的刮油和泵油作用

(3)扭曲环的特点：在矩形环的内圆上边缘或外圆下边缘切去一部分使断面呈不对称形状。在环的内圆部分切槽或倒角的称为内切环。装入汽缸后，由于断面不对称，产生的不平衡力作用，会使活塞环发生扭曲变形。扭曲环的工作原理如图3-27所示。

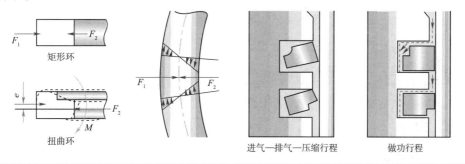

图3-27　扭曲环扭曲原理和工作示意图

(4)油环及油环断面形状：如图3-28所示，油环一般由两个平板状的环夹着一个开有很多小孔的孔环构成。油环断面的形状见表3-7。

2 连杆

❶ 连杆的作用及结构

连杆的作用是将活塞承受的力传给曲轴，推动曲轴转动，将活塞的往复运动转变成曲轴的旋转运动。连杆由连杆小头、杆身和连杆大头三部分组成（图3-29）。

学习任务三　曲柄连杆机构的检测与维修

a）普通油环

b）组合油环

图 3-28　油环的形状

油环的断面形状　　　　表 3-7

油环名称	断面形状	油环名称	断面形状
普通油环		H形油环	
螺旋撑面油环		U形油环	
S形钢带组合油环			

（1）连杆小头孔与全浮式活塞销之间有相对运动,常在连杆小头孔压入减磨的青铜衬套（图 3-30）。

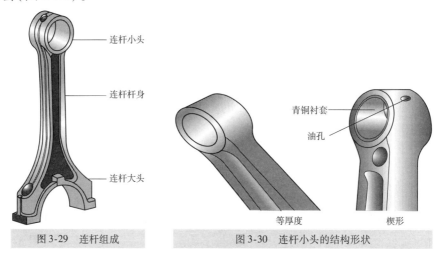

图 3-29　连杆组成　　　　图 3-30　连杆小头的结构形状

（2）连杆杆身通常做成"工"字形断面，特点是刚度大、质量小、适于模锻采用大圆弧过渡。

（3）连杆大头与曲轴的连杆轴颈相连，一般采用分开式，通过螺栓进行连接和紧固。切面有平分或斜分两种方式（图3-31）。

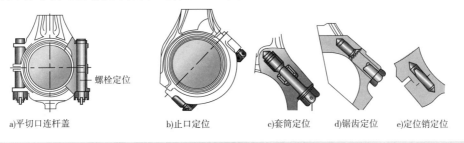

a)平切口连杆盖　　b)止口定位　　c)套筒定位　　d)锯齿定位　　e)定位销定位

图3-31　连杆大头切分及定位方式

❷ 连杆尺寸的技术要求

连杆尺寸（图3-32）的技术要求见表3-8。

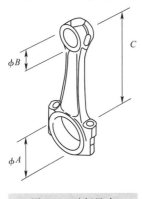

图3-32　连杆尺寸

连杆数据表（单位：mm）　表3-8

发动机类型	TU3	TU5
$A(+0.013,0)$	48.655	48.655
$B(+0.013,0)$	19.463	19.463
$C(+0.07,-0.07)$	126.8	133.5

注意

同一台发动机的四个连杆之间最大重量差应≤3g。

引导问题4　曲轴飞轮组的作用及组成是什么？

曲轴飞轮组主要由曲轴、曲轴主轴承飞轮正时齿轮带轮和曲轴扭转减振器等组成（图3-33）。

学习任务三　曲柄连杆机构的检测与维修

1 飞轮

飞轮的外圆上设有齿圈,起动时,起动机上的齿轮工作时与其啮合。飞轮上设有第一缸点火正时标记,用于调整和检验点火正时和气门间隙(图3-34)。

飞轮的作用是:储存做功行程的一部分能量,克服各辅助行程的阻力,使曲轴均匀旋转。

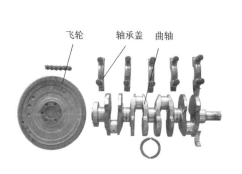

图3-33　曲轴飞轮组　　　　　　　图3-34　飞轮

2 曲轴

曲轴一般由曲轴前端、主轴颈、曲柄、平衡重和曲轴后端等组成(图3-35)。

曲轴的主要作用是将活塞连杆组传来的气体压力转变为转矩,然后通过飞轮传到汽车的传动系统,并且通过曲轴的正时齿轮驱动凸轮轴的正时齿轮。

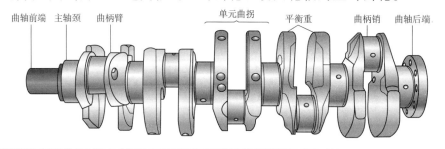

图3-35　曲轴的结构

> **引导问题5**　　曲轴的支承方式有哪些?

曲轴的支承方式有全支承和非全支承。全支承曲轴的主轴颈数比汽缸数目多一个,这种支承的曲轴强度和刚度都比较好,可减轻主轴承载荷和磨损;非全支承曲轴的主轴颈数比汽缸数目少或与汽缸数目相等,这种支承的主轴承载荷较大(图3-36)。

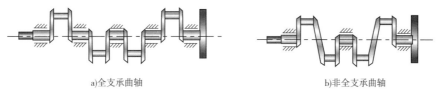

a)全支承曲轴　　　　　　　b)非全支承曲轴

图3-36　曲轴的支承方式

东风雪铁龙车系的曲轴形状和尺寸有严格的要求,具体形状如图3-37所示。尺寸要求见表3-9。

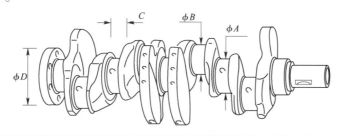

图3-37　曲轴的尺寸

发动机 TU3、TU5 曲轴数据表(单位:mm)　　　　　表3-9

发动机曲轴	标准尺寸	维修尺寸1	维修尺寸2	维修尺寸3
$A(0,-0.019)$	49.981	49.681	—	—
$B(-0.009,-0.025)$	45	44.7	—	—
$C(+10.052,0)$	23.6	23.8	23.9	24
$D(0,-0.065)$	85	84.8	—	—

TU5JP/K、TU3JP/K 主轴瓦一、三、五为光滑,二、四带有油槽。

引导问题6　　曲轴的润滑方式是怎样的?

主轴颈和曲柄销均需要润滑,因此在曲柄臂上一般都加工有机油孔,使机油经主轴颈、油孔进入曲柄销,实现对主轴颈、曲柄销和连杆大头的润滑(图3-38)。

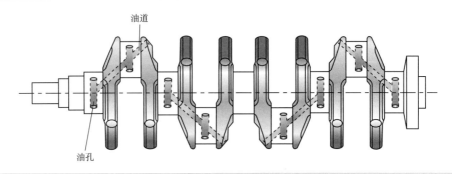

图 3-38 曲轴的润滑

引导问题 7　发动机的点火顺序和曲拐布置布置有什么联系？

1 四冲程四缸发动机点火顺序和曲拐布置

曲轴的形状和曲拐相对位置取决于汽缸数、汽缸排列和发动机的点火顺序。为使曲轴获得均匀的转速，工作平稳柔和，四冲程四缸发动机的点火间隔角为180°，即曲轴每转半圈做功一次，四个缸的做功行程交替进行，在720°内完成。

四缸发动机四个曲拐布置在同一平面内。1、4 缸同向，2、3 缸同向，并错开180°，其点火顺序有两种，第一种方案点火顺序为 1—3—4—2（图3-39），其工作循环见表3-10；第二种方案的点火顺序为 1—2—4—3，其原理和前面一样，不再重述。

点火顺序为 1—3—4—2 工作循环　　　　表3-10

曲轴转角	第 一 缸	第 二 缸	第 三 缸	第 四 缸
0~180°	做功	排气	压缩	进气
180°~360°	排气	进气	做功	压缩
360°~540°	进气	压缩	排气	做功
540°~720°	压缩	做功	进气	排气

2 四冲程直列六缸发动机的点火顺序和曲拐布置

四冲程直列六缸发动机点火间隔角为120°，六个曲拐分别布置在三个平面内，具体布置方案有两种，一种点火顺序是 1—5—3—6—2—4（图3-40）；其工作循环见表3-11；另一种点火顺序是 1—4—2—6—3—5，其原理和前面一样，不再重述。

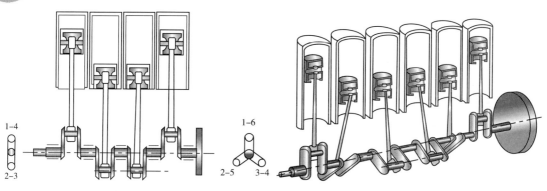

图 3-39 四缸发动机的点火顺序　　　　图 3-40 六缸发动机的点火顺序

点火顺序为 1—5—3—6—2—4 工作循环　　　　表 3-11

曲轴转角		第一缸	第二缸	第三缸	第四缸	第五缸	第六缸
0°～180°	60°	做功	排气	进气	做功	压缩	进气
	120°						
	180°			压缩	排气		
180°～360°	240°	排气	进气			做功	压缩
	300°						
	360°			做功	进气		
360°～540°	420°	进气	压缩			排气	做功
	480°						
	540°			排气	压缩		
540°～720°	600°	压缩	做功			进气	排气
	660°						
	720°			进气	做功		压缩

二、实 施 作 业

引导问题 8　作业时需要哪些工具、材料和设备？

（1）工具：指针式扭力扳手、缸盖螺栓拆装专用套筒、铲刀、凸轮轴定位工具、飞轮定位工具、可调式扭力扳手、世达 150 件套组合工具、集油车和外径千分尺（图 3-41）。

（2）资料：《东风雪铁龙爱丽舍轿车维修手册》。

学习任务三　曲柄连杆机构的检测与维修

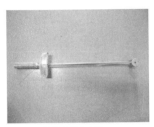
a)指针式扭力板手

b)缸盖螺栓拆装专用套筒

c)铲刀

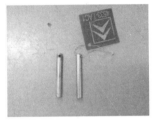
d)凸轮轴定位工具

e)飞轮定位工具

f)可调式扭力扳手

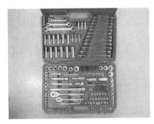
g)世达150件套组合工具

h)集油车

i)外径千分尺

图3-41　作业时需工具

引导问题9　如何规范地拆装缸盖?

(1)固定发动机凸轮轴(图3-42)和飞轮(图3-43)。

图3-42　凸轮轴定位

图3-43　飞轮定位

（2）拆下汽缸盖装饰罩（图3-44）。

（3）按照顺序拆下凸轮轴轴承盖螺栓（图3-45），用橡胶锤轻敲轴承盖以便拆凸轮轴的轴承盖（图3-46），取下凸轮轴，摆放整齐（图3-47）。

图3-44　汽缸盖装饰罩螺栓拆卸顺序

图3-45　凸轮轴轴承盖螺栓拆卸顺序

图3-46　轻敲轴承盖

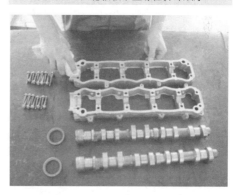

图3-47　取下凸轮轴并摆放整齐

（4）按照图3-48所示顺序拆汽缸盖螺栓；分三次拆下，第一次拧松90°（图3-49）；第二次也拆松90°，第三次拆完，再用橡皮锤敲几下（图3-50），取下汽缸盖；用专用磁性螺丝刀取出垫片。

图3-48　缸盖螺栓拆卸顺序

图3-49　拧松缸盖螺栓

（5）安装汽缸盖，按照一定顺序拧紧汽缸盖紧固螺栓（图3-51），预拧紧力矩为20N·m（图3-52）；用角度仪和指针式扭力扳手拧紧，角度至260°（图3-53）。

图3-50 轻敲缸盖以便取下缸盖

图3-51 汽缸盖紧固螺栓紧固顺序

图3-52 预拧紧力矩20N·m

图3-53 拧紧角度至260°

引导问题10　如何规范地拆装活塞连杆组？

（1）转动曲轴，将准备拆卸的活塞连杆组的活塞转到下止点（图3-54）。

（2）拆卸连杆螺母，最少分两次松开螺母并取下连杆轴承盖（图3-55）。

图3-54 活塞转到下止点图

图3-55 连杆轴承盖拆卸图

(3) 在连杆螺栓上安装塑料套管,保护连杆螺栓的螺纹(图3-56)。

(4) 用橡胶锤或手锤木柄推出活塞连杆组(禁止硬敲、硬撬以免损伤汽缸)(图3-57)。

图3-56　安装塑料套管

图3-57　取出活塞连杆图

(5) 取出活塞连杆组后,将连杆轴承盖螺栓螺母按原位置装回,并注意连杆的装配标记(图3-58)。

根据工作时的情况,填写以下信息:
① 活塞是否有安装向前的标记＿＿＿＿＿＿。
② 连杆是否有安装向前的标记＿＿＿＿＿＿。
③ 连杆轴承盖是否有安装向前的标记＿＿＿＿＿＿。

(6) 将第一缸曲柄转到下止点位置,取下第一缸的活塞连杆总成,在轴承、活塞环、汽缸壁、曲轴、轴颈等处加注少许机油,转动各环使润滑油进入环槽,并检验各环开口是否处于规定方位(图3-59)。

(7) 用活塞环卡箍收紧活塞环,按活塞顶箭头方向将活塞连杆总成从汽缸顶部放入汽缸,用手引导连杆使其对准曲轴轴颈,用木松槌柄将活塞推入(图3-60)。

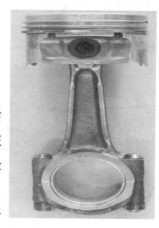

图3-58　连杆的装配标记

图3-59　活塞环位置调整

学习任务三 曲柄连杆机构的检测与维修

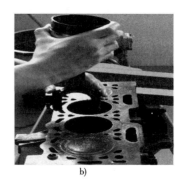

a) b)

图 3-60 活塞安装

图 3-61 连杆螺栓安装

（8）取出第一缸的连杆轴承（带有轴瓦），使标记朝前装在连杆上，并规定力矩分三次交替拧紧连杆连杆螺母，拧紧力矩：37.5N·m（图 3-61）。

依同样的方法，将其余各缸活塞连杆组件装入相应汽缸。

学生根据工作时的情况，填写以下信息：
① 活塞顶部的标记指向_____。
② 连杆盖上面的标记指向_____。
③ 活塞连杆安装好后曲轴能否灵活转动_____。

引导问题 11 如何规范地检测曲轴的裂纹？

1 曲轴的检测部位

曲轴在工作中因受到不正常的冲击与振动可能会产生裂纹，轴颈与曲柄的过渡区域是裂纹容易出现的部位（图 3-62）。

2 曲轴裂纹的检测方法

磁力探伤法（图 3-63）常用于检测轴颈上的横向裂纹，检测时先把细铁粉撒在轴颈与曲柄之间，将磁力探伤仪马蹄形电磁铁的两极放在轴颈两旁的曲柄上，当接通电流时，铁粉被磁化并附在裂纹处，从而可显现裂纹的位置与大小。

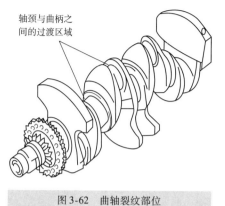

图 3-62 曲轴裂纹部位　　　　图 3-63 曲轴裂纹的检测

> **引导问题 12**　如何检测曲轴的磨损？

检测曲轴轴颈的磨损，选用合适的外径千分尺，分别检测每一个主轴颈和连杆轴颈的直径来确定轴颈的磨损程度（图 3-64）；检测时，每个轴颈分别检测两个截面，每个截面检测两个直径（垂直与水平），即每个轴颈要测量 4 个直径（图 3-65），将所测量的值填入表 3-12 中。

图 3-64 曲轴轴颈的检测

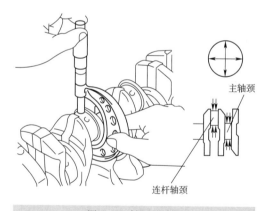

图 3-65 轴颈的检测

记 录 表　　　　表 3-12

检测项目	检测部位	监测数据(mm)					
		D1	D2	D3	D4	圆度	圆柱度
曲轴	主轴颈横向						
	主轴颈纵向						
	连杆轴颈横向						
	连杆轴颈纵向						
	曲轴维修级别						

学习任务三 曲柄连杆机构的检测与维修

引导问题 13 如何规范地对曲轴轴向间隙进行检测?

1 方法一

(1)在轴承座与轴承盖上装好轴承;分别在轴承工作表面和曲轴各主轴颈涂上机油,将曲轴放在轴承上,盖上轴承盖,按照图 3-66 所示从中间到两边的顺序和规定转矩分几次紧固螺栓。(可在拆卸曲轴前进行此项检测)

(2)检测前,将百分表触杆触在曲轴的一端,并留有 1.00～2.00mm 的压缩量。用螺丝刀把曲轴往另一端撬动(图 3-67);然后将百分表调零,再把曲轴往百分表的方向撬动,此时指针所指读数便是曲轴的轴向间隙。

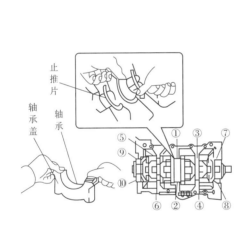

图 3-66 安装曲轴

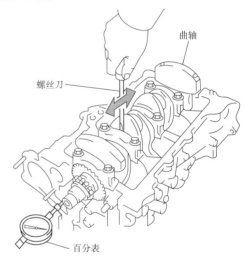

图 3-67 曲轴轴向间隙的检测

小提示

检测时百分表触杆应与曲轴前端面保持垂直,在起子的头部垫上布块进行撬动。

2 方法二

用厚薄规检测曲轴轴向间隙(图 3-68)。检测前用螺丝刀把曲轴撬向一端(如图 3-77 箭头所示);然后用厚薄规检测图中所示位置。厚薄规应放在曲柄与止推垫片之间，轴向间隙若不符合要求，应更换止推垫片。

引导问题 14 　如何规范地进行曲轴轴瓦的选配？

配瓦前先要查配瓦的标识：缸体上的标识在缸体的前端面，曲轴上的标识位于靠正时皮带处的第一平衡块上（图3-69）。配瓦标识各部分的含义见表3-13。

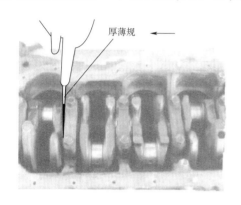

图3-68　用厚薄规检测曲轴轴向间隙

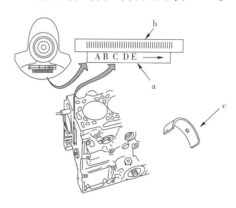

图3-69　配瓦标识

配瓦标识的含义表　　　　表3-13

位　置	含　义
"a"区	ABCDE 标记的编码，用于对安装轴瓦的鉴别，其中 A 代表第一道主轴颈（飞轮侧），箭头表示排序方向
"b"区	条形码，仅在制造厂使用
"c"区	维修用轴瓦在轴瓦侧面打上"R"作为标记

选配曲轴轴瓦的基本原则如下：
（1）缸体上半轴瓦应全部选用黑色瓦；
（2）曲轴未加工时，轴承盖上的半轴瓦按缸体和曲轴上的字母标记确定；
（3）曲轴经过加工后，则按实测尺寸选配。
轴承盖上半轴瓦的选配方法，分以下两种情况。
（1）对于新备件曲轴，缸体、曲轴字母标记清晰可见时，可直接按表3-14进行选配。

学习任务三 曲柄连杆机构的检测与维修

轴瓦选配表（曲轴经过加工，缸体上标记清晰）　　　　　　　　　　　　表 3-14

缸体 曲轴	A 53.712	B 53.713	C 53.714	D 53.715	E 53.716	G 53.717	H 53.718	I 53.719	R 53.720	M 53.721	N 53.722	P 53.723	Q 53.724	R 53.725	S 53.726	T 53.727	U 53.728	X 53.729	Y 53.730	Z 53.731
49.662	Y	Y	Y	Y	Y	Y	X	X	X	X	X	X	X	X	X	X	X	X	X	X
49.663	Y					Y	X													X
49.664	Y				Y	X														X
49.665	Y			Y	X															X
49.666	Y		Y	X																X
49.667	Y	Y	X																	X
49.668	Z	Y													Y	X				X
49.669	Z	Z	Y											Y	X					X
49.670	Z		Z	Y									Y	X						X
49.671	Z			Z	Y							Y	X							X
49.672	Z				Z	Y					Y	X					Y	X		X
49.673	Z					Z	Y			Y	X							Y	X	Y
49.674	Z						Z	Y	Y	X									Y	Y
49.675	Z							Z	Y											Y
49.676	Z								Z	Y										Y
49.677	Z									Z	Y									Y
49.678	Z											A	Y							Y
49.679	Z											A	Y							Y
49.680	Z										A	A	Y							Y
49.681	Z	Z	Z	Z	Z	Z	Z	Z	Z	A	A	A	A	Y	Y	Y	Y	Y	Y	Y

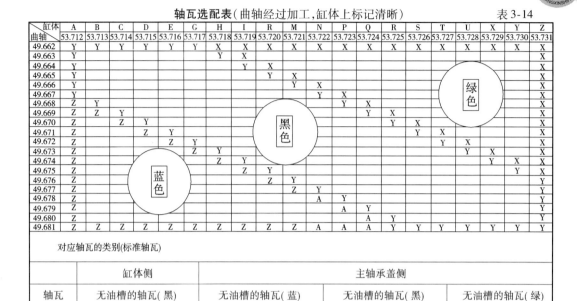

对应轴瓦的类别(标准轴瓦)				
	缸体侧	主轴承盖侧		
轴瓦 标记	无油槽的轴瓦（黑） 带油槽的轴瓦（黑）	无油槽的轴瓦（蓝） 带油槽的轴瓦（蓝）	无油槽的轴瓦（黑） 带油槽的轴瓦（黑）	无油槽的轴瓦（绿） 带油槽的轴瓦（绿）
级别	B	A	B	C
厚度（mm）	1.858	1.844	1.858	1.869

（2）曲轴或缸体其中的一个被加工过，另外一个标记清晰按表 3-15 进行选配。

轴瓦选配表（曲轴经过加工，缸体上标记清晰）　　　　　　　　　　　　表 3-15

缸体 曲轴	A 53.712	B 53.713	C 53.714	D 53.715	E 53.716	G 53.717	H 53.718	I 53.719	R 53.720	M 53.721	N 53.722	P 53.723	Q 53.724	R 53.725	S 53.726	T 53.727	U 53.728	X 53.729	Y 53.730	Z 53.731
49.662	Y	Y	Y	Y	Y	Y	X	X	X	X	X	X	X	X	X	X	X	X	X	X
49.663	Y					Y	X													X
49.664	Y				Y	X														X
49.665	Y			Y	X															X
49.666	Y		Y	X																X
49.667	Y	Y	X																	X
49.668	Z	Y													Y	X				X
49.669	Z	Z	Y											Y	X					X
49.670	Z		Z	Y									Y	X						X
49.671	Z			Z	Y							Y	X							X
49.672	Z				Z	Y					Y	X					Y	X		X
49.673	Z					Z	Y			Y	X							Y	X	Y
49.674	Z						Z	Y	Y	X									Y	Y
49.675	Z							Z	Y											Y
49.676	Z								Z	Y										Y
49.677	Z									Z	Y									Y
49.678	Z											A	Y							Y
49.679	Z											A	Y							Y
49.680	Z										A	A	Y							Y
49.681	Z	Z	Z	Z	Z	Z	Z	Z	Z	A	A	A	A	Y	Y	Y	Y	Y	Y	Y

对应轴瓦的类别(标准轴瓦)				
	缸体侧	主轴承盖侧		
轴瓦 标记	无油槽的轴瓦（黑） 带油槽的轴瓦（黑）	无油槽的轴瓦（蓝） 带油槽的轴瓦（蓝）	无油槽的轴瓦（黑） 带油槽的轴瓦（黑）	无油槽的轴瓦（绿） 带油槽的轴瓦（绿）
级别	Y	Z	B	X
厚度（mm）	2.008	1.994	2.008	2.019

雪铁龙公司所采用的发动机 TU 系列只配曲轴轴瓦，EW 系列配曲轴轴瓦和连杆轴瓦，且只能配一次瓦。

引导问题 15 　如何规范地拆装活塞环？

1 活塞环的拆卸

除油环外，拆装气环时都要使用活塞环钳（图 3-70）。气环上带有"TOP"的一向朝上，第一道环为扭曲环装在第一道环槽里，第二道为鹰嘴式锥形环，第一道气环的开口和第二道气环的开口应错开 180°。表 3-16 为 EW10J4 发动机活塞环数据表。

图 3-70　拆卸气环

EW10J4 发动机活塞环数据表（单位:mm）　　　　表 3-16

活塞环		气　环	密　封　环	油　环
厚度		1.2（-0.01；-0.03）	1.5（-0.01；-0.03）	2.5（-0.01；-0.03）
开口间隙		0.2（+0.250）	0.2（+0.200）	—
色标	标准	红	棕	紫
	维修	双红	双棕	双紫

操作时应根据工作时的情况，填写如表 3-17 所示的记录表。

记　录　表　　　　表 3-17

活塞环气环的数量	
活塞环油环的数量	
活塞环类型	
活塞环是否有损坏	

2 活塞环的安装

（1）活塞环平装入汽缸套内，接口处要有一定的开口间隙。
（2）活塞环应安装在活塞上，在环槽中，沿高度方向要有一定的间隙。
（3）镀铬环应安装在第一道，开口不要对着活塞顶部的涡流凹坑方向。
（4）各活塞环开口应相互错开 120℃，且均不准对着活塞销孔。
（5）对于锥形断面的活塞环，安装时锥面应向上。
（6）扭转环安装时，倒角或切槽应向上。

（7）安装组合环时，应先装轴向衬套，再装扁平环和波形环，波形环上边装有两片扁平环，下边装有一片扁平环，开口应相互错开。

引导问题 16　如何规范更换油底壳衬垫？

（1）起动发动机并保持怠速运转 3～5min，水温达到 60～70℃时机油黏度会变小，有利于彻底排放机油，然后关闭点火开关（图 3-71）。

（2）举升车辆（图 3-72）。

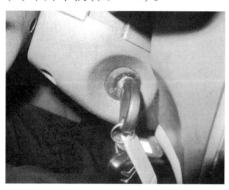

图 3-71　起动发动机升高水温

图 3-72　举升车辆

（3）拆下发动机下护板（图 3-73）、汽车前桥左右侧支撑、离合器防护板和动力转向系统的油管支架。

（4）排放发动机机油（图 3-74）。

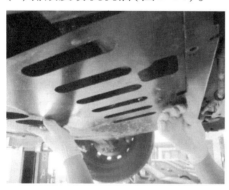

图 3-73　拆卸发动机护板

图 3-74　排放发动机机油

（5）拆卸油底壳，取出旧的油底壳衬垫（图 3-75）。

（6）清洁油底壳及汽缸体下平面，检查集滤器滤网，安装新的油底壳衬垫（图 3-76）。

图3-75 拆卸油底壳取下衬垫

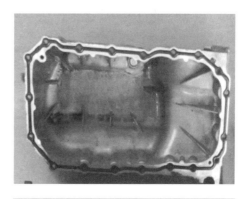

图3-76 安装新的衬垫

（7）按拆卸时相反的顺序安装其他部件。

三、评价与反馈

（1）对本学习任务进行评价并填写评价表(表3-18)。

评 价 表　　　　　　　　　表3-18

考核项目	评分标准	分值	学生自评	小组评价	教师评价	小计
团队合作	是否和谐	5				
活动参与	是否主动	5				
安全生产	有无安全隐患	10				
现场5S	是否做到	10				
任务方案	是否合理	15				
操作过程	1.拆装汽缸盖； 2.拆装活塞连杆组； 3.更换油底壳衬垫	30				
任务完成情况	是否圆满完成	5				
操作过程	是否标准规范	10				
劳动纪律	是否严格遵守	5				
工单填写	是否完整、规范	5				
	总分	100				
教师签名				得分		

(2) 在实施的过程中,是否存在一些安全隐患?请找出容易忽视地方。

(3) 口述活塞连杆组的拆装工艺。

四、学 习 拓 展

(1) 活塞环装配错误会引起哪些故障现象?

(2) 若缸体和曲轴前端的配瓦标识均已磨损看不清了,此时应如何配瓦?

(3) 活塞环能否不用专用工具直接用手更换,为什么?

汽车发动机机械维修

学习任务四

发动机动力不足的检修（一）

学习目标

完成本任务后，你应该能：
1. 叙述发动机汽缸盖的规范拆装工艺；
2. 明确平面翘曲度的测量及确定；
3. 明确汽缸压力的测量、汽缸测量及汽缸磨损程度的确定；
4. 正确使用工具和设备；
5. 与同学密切合作，规范地测量活塞环的间隙。

建议完成本学习任务的时间为 **12** 课时。

学习任务描述

一辆新爱丽舍1.6L轿车车主反映：汽车的动力性很差，通过汽缸压缩压力的检测，测试值低于技术要求，初步判断为汽缸磨损或活塞环的问题，需要检查汽缸的翘曲度、汽缸的密封性及汽缸的磨损。

学习任务四 发动机动力不足的检修(一)

学习内容

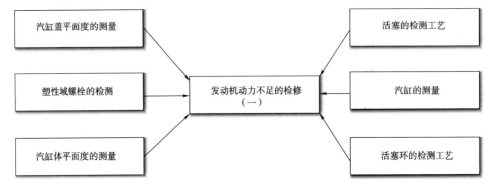

一、资料收集

引导问题1 汽车动力不足的影响因素有哪些?

造成汽车动力不足的因素很多,涉及本节课的内容有汽缸压力不足;汽缸垫不密封,烧蚀;活塞环咬死或对口;活塞配缸间隙过大及汽缸套磨损严重等。汽缸盖密封不良、汽缸盖的翘曲变形及汽缸盖螺栓的不良均会导致汽缸内做功的有效气体的泄漏,从而导致发动机的动力不足,因此需要对这些零件进行检测。

引导问题2 汽缸体和汽缸盖有哪些常见的损伤类型?产生损伤的主要原因是什么?

曲轴在高速转动时产生的振动使汽缸体的薄弱部位产生裂纹;发动机高温状态时突然加入大量冷却水、水垢积聚过多而散热不良或由于穴蚀使水道壁产生裂纹;镶换汽缸套时,过盈量选择过大或压装工艺不当造成汽缸局部裂纹;装配螺栓时拧紧力矩过大产生裂纹等。(穴蚀是快速运动或振动的表面因压力和温度急剧变化而引起冷却液中产生的真空小气泡突然破裂而剥离金属材料表面层的现象。)

引导问题3 汽缸体和汽缸盖的变形位置及产生变形的原因有哪些?

1 汽缸体和汽缸盖接合平面的翘曲变形

此类变形通常是由于拆装汽缸盖时操作不当,未按汽缸盖螺栓规定的拆装顺序和力矩进行操作所造成的,如图4-1所示。

2 汽缸体上、下平面螺纹口周围凸起

此类变形通常是由于装配时拧紧力矩过大,或螺纹孔未清理干净造成的。

3 曲轴轴承座孔同轴度偏差增大

由于受到汽缸体变形的影响,或者铸造时残余应力不均匀,长期使用后易造成曲轴轴承座孔同轴度偏差增大。

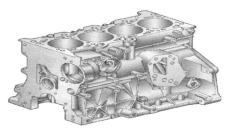

图4-1 汽缸体和汽缸盖接合平面的翘曲变形

| 引导问题4 | 汽缸体和汽缸盖接合平面翘曲变形产生的危害有哪些? |

(1)冷却液或机油渗进汽缸,影响混合气的正常燃烧,使积炭增多;对汽缸壁、活塞、活塞环、气门等零件产生腐蚀作用。

(2)发动机工作时高温高压的气体窜进冷却系统,造成水压升高,出现水沸现象。大量的蒸汽往外泄漏,其结果不但会造成发动机无法正常工作而且还会导致汽缸垫损坏。

| 引导问题5 | 汽缸磨损的规律是什么?产生磨损的因素有哪些? |

汽缸的磨损程度是衡量发动机是否需要大修的重要依据之一。如果将汽缸分为上中下3个部位,则上方部位由于温度高和润滑条件差的原因容易造成严重的腐蚀磨损,汽缸磨损的最大部位是活塞运动到上止点位置时第一道活塞环相对应的汽缸壁;中部则由于侧向力的作用(图4-2),使活塞裙部与汽缸壁接触而造成摩擦磨损;如果润滑油质量不好,在飞溅润滑中由于润滑油中的杂质黏附在汽缸壁的下部,从而造成汽缸下部的磨料磨损。侧向力是发动机在压缩与做功冲程时,活塞作用到汽缸壁上的推力(图4-2)。由于侧向力的作用会使活塞与汽缸壁接触,从而造成汽缸中部的磨损。

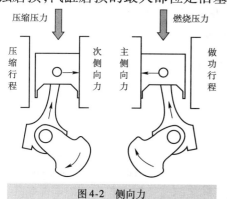

图4-2 侧向力

引导问题6　发动机汽缸盖和汽缸体平面翘曲的原因有哪些？

汽缸盖平面翘曲的原因如下：

（1）拆装汽缸盖时操作不当，未按汽缸盖螺栓规定的拆装顺序和力矩操作所造成的汽缸体和汽缸盖接合平面的翘曲变形。

（2）装配时拧紧力矩过大，或螺纹孔未清理干净易造成的汽缸体上、下平面螺纹口周围凸起。

引导问题7　发动机汽缸盖和汽缸体平面翘曲的技术要求有哪些？

1　汽缸盖和汽缸体平面度的技术要求

东风标致和东风雪铁龙采用的发动机平面度的技术要求见表4-1。

部分车型发动机平面度（全平面测量）的技术要求见表4-2。

发动机平面度的技术要求　表4-1

发动机类型	汽缸盖底部的平面度误差（mm）	汽缸体上部的平面度误差（mm）
TU3JPK	≤0.05	≤0.1
TU5JPK	≤0.05	≤0.1
YU5JP4	≤0.05	≤0.1
EW10J4	≤0.05	≤0.1

发动机平面度技术要求　表4-2

车　型	发动机型号	汽缸盖平面度的技术要求（mm）	汽缸体平面度的技术要求（mm）
丰田佳美2.4	2AE-FE	≯0.10	≯0.10
别克君威	LB8/LW9	≯0.05	≯0.05
广州本田雅阁	F23A3	≯0.07	≯0.07
宝马7E32	M30	≯0.05	≯0.05

东风雪铁龙汽缸盖下平面修复数据位置及标准如图4-3所示。

下平面修复的汽缸盖在 A 处刻上字幕 R 标记，下平面修复尺寸标准见表4-3。

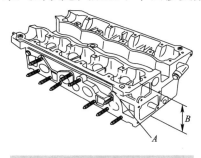

图4-3　汽缸盖下平面修复数据位置

下平面修复尺寸标准　表4-3

位　置	标准尺寸（mm）	修理尺寸（mm）
B	135±0.1	134.8±0.1

平面度最大允许差为0.05mm，否则需要更换或修理。

2 发动机汽缸直径和工作行程技术要求

(1) 部分车型发动机汽缸直径和工作行程参数见表4-4。

发动机汽缸直径和工作行程参数 表4-4

车型	发动机型号	发动机汽缸直径×工作行程(mm)
丰田佳美2.4	2AE FE	≯0.10
别克君威	LB8/LW9	≯0.05
广州本田雅阁	F23A3	≯0.07
宝马7E32	M30	≯0.05

(2) 部分车型发动机汽缸直径和工作行程参数见表4-5。

汽缸圆度、圆柱度和最大磨损量的技术要求 表4-5

车型	发动机型号	汽缸圆度值(mm)	汽缸圆柱度值(mm)	最大磨损量(mm)
丰田佳美2.4	2AE-FE	≯0.05	≯0.05	—
别克君威	LB8/LW9	≯0.014	≯0.02	—
广州本田雅阁	F23A3	≯0.05	≯0.05	—
宝马7E32	M30	≯0.01	≯0.01	—

为了顺利对发动机汽缸盖和汽缸体进行检测与修复，要明确汽缸盖和汽缸体损伤的类型、位置和产生的原因。在检测过程中要学会相关量具的使用和掌握检测的流程，对存在损伤的部件确定是修复还是更换。

引导问题8 汽缸盖螺栓的技术要求及检测方法有哪些？

发动机的一些重要连接采用塑性域螺栓，如连杆轴承盖、曲轴主轴承盖，发动机汽缸盖等螺栓(图4-4)。

(1) 汽缸盖固定螺栓长度标准见表4-6。

汽缸盖固定螺栓长度标准表 表4-6

标准螺栓长度	最大螺栓长度
146.8～148.2mm(5.7795～5.8346 in.)	149.2mm(5.874 in.)

学习任务四 发动机动力不足的检修(一)

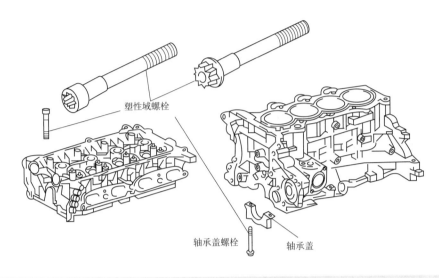

图 4-4 塑性域螺栓

如果螺栓长度大于最大值,则更换汽缸盖固定螺栓。

(2)检测塑性域螺栓的形状是否被轴向力所改变的方法如图 4-5 所示。

方法一:测量塑性域螺栓的长度,与规定值进行对比。

方法二:测量塑性域螺栓螺杆最小直径,与规定值进行对比。

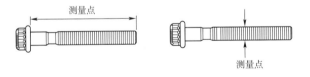

图 4-5 检测塑性域螺栓

引导问题9 活塞环的选配的技术要求有哪些?

对活塞环选配的要求是:与汽缸、活塞的修理尺寸一致,两道气环装在第一道和第二道环槽中,油环装在第三道环槽中(图 4-6);具有规定的弹力以保证汽缸的密封性;活塞环的漏光度检查时端隙、侧隙、背隙应符合设计规定。

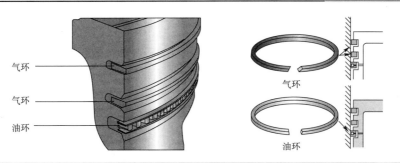

图 4-6 气环和油环的安装

1 对活塞环外径尺寸的要求

活塞环有与汽缸、活塞相同加大级别的修理尺寸,以适应发动机的修理的需要,发动机汽缸磨损不大时,应选配与汽缸同一级别的活塞环。发动机大修时,应按照汽缸的修理尺寸,选用与汽缸、活塞同一修理级别的活塞环。

2 对活塞环弹力的要求

活塞环的弹力是建立背压的首要条件,也是保证汽缸密封性的必要条件。弹力过大会使环的磨损加剧;弹力过弱,汽缸密封性能变差,燃料消耗增加,积炭严重。

3 对活塞环漏光度的要求

新的活塞环与汽缸壁在未磨合之前,环的外圆面不可能与汽缸壁完全贴合,不贴合处与汽缸形成间隙,此间隙可能通过灯光进行检验,称为漏光度检验。

活塞环漏光度检验的一般技术要求如下:

(1)同一环上漏光度不大于两处,每处漏光弧长所对应的圆心角总和不大于 45°。

(2)活塞环开口两端各 30°范围内不允许有漏光。

(3)漏光度的最大缝隙不大于 0.03mm。

4 对活塞环断面翘曲度的检验技术要求

活塞环的断面与活塞环槽的上下端面的贴合是活塞环的第二密封面。此密封面不好,将造成漏气。因此,应检验活塞环端面的平面度。

检验方法:将环自由平放在平板上,观察其接触情况或平面漏光情况,如图 4-7 所示。

学习任务四 发动机动力不足的检修（一）

引导问题 10 ▶ 活塞环三隙组成及作用是什么？

1 活塞环端隙

活塞环端隙是活塞环置于汽缸内,在环的开口处呈现的间隙(又叫"开口间隙")(图4-8)。端隙能防止活塞环受热膨胀而卡在汽缸内。端隙的大小与汽缸的直径及各环所受温度有关,一般温度最高的一环的端隙为 0.25～0.45mm,其余各道环的温度较低,端隙为 0.20～0.40mm。

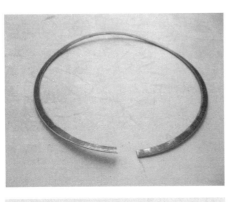

图 4-7 活塞环翘曲

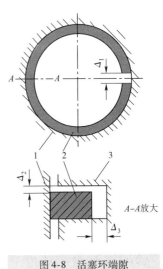

图 4-8 活塞环端隙

2 活塞环侧隙

活塞环侧隙是指活塞环装入活塞后,活塞环端面与活塞环槽之间的间隙(图4-9)。侧隙过大,将使活塞的泵油作用增强并且会加速活塞环的断裂和润滑油的消耗;侧隙过小,会使活塞环卡在环槽内,活塞环的弹力极度减弱,冲击应力增大,不但使汽缸密封性能降低,也容易使活塞环断裂。

3 活塞环背隙

活塞环背隙是指活塞与活塞环装入汽缸后,在活塞背部与活塞环槽底之间的间隙,一般为 0.5～1mm,为了测量方便,通常用槽深和活塞环环宽之差来表示(图4-10)。活塞环一般应低于环槽岸边 0～0.35mm,以免在汽缸内卡住。

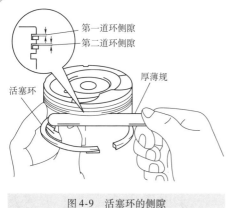
图 4-9 活塞环的侧隙

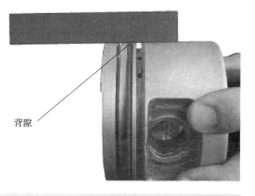
图 4-10 活塞环背隙

二、实 施 作 业

引导问题 11 作业时需要哪些工具和资料？

（1）工具：指针式扭力扳手、游标卡尺、外径千分尺、量缸表、刀口尺和铲刀（图4-11）。

a) 指针式扭力扳手

b) 游标卡尺

c) 外径千分尺

d) 量缸表

e) 刀口尺

f) 铲刀

图 4-11 作业工具

（2）资料：《雪铁龙机械维修手册》。

引导问题 12 汽缸盖螺栓的检测和紧固方法是什么？

（1）用游标卡尺在测量点测量细长螺纹的最小直径。测量点如图 4-12 所示，螺纹的最小直径数据见表4-7。

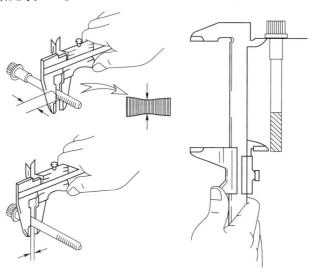

图4-12 测量点

（2）查阅维修手册，明确螺纹的最小直径的技术要求（表4-7），检测汽缸盖塑性域螺栓并记录于表4-8中。

螺纹的最小直径数据表　　　　　　　　　　　　　　　　　　　　　　　　　表4-7

标准外径	最小外径
9.77～9.96mm（0.3846～0.3921in.）	9.4mm（0.3701in.）

 小 提 示

　　用直尺，目视检查汽缸盖固定螺栓螺纹部分的最薄部位。如果直径小于最小值，则更换缸盖固定螺栓。

学生根据测量的情况，填写表4-8。

汽缸盖塑性域螺栓　　　　　　　　　　　　　　　　　　　　　　　　　表4-8

螺栓号	1号	2号	3号	4号	5号	6号	7号
全长							
最小直径							
螺栓号	8号	9号	10号	11号	12号	13号	14号
全长							
最小直径							

（3）塑性域螺栓的紧固方法

拧紧塑性域螺栓的方法不同于拧紧普通螺栓。
①在螺纹和螺栓头部的下面涂抹薄薄一层机油,如图4-13所示。
②安装时均匀用规定力矩上紧螺栓。
③紧固到某一规定力矩后,给每一只螺栓作油漆标记,如图4-13所示。
④一次或分次紧固螺栓到规定的角度即让螺栓进入塑性域工作区。
塑性域螺栓的紧固步骤和每次紧固的角度的确定要参考维修手册。常见的方式为:
先紧固到某一力矩后,按规定顺序分次使螺栓转动以下角度:
①90°+90°;
②90°;
③45°+45°。

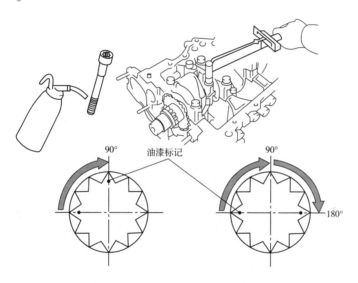

图4-13 塑性域螺栓的紧固方法

引导问题13 活塞测量步骤是什么?

(1)清洁千分尺(图4-14);

(2)千分尺校零(图4-15);

(3)清洁游标卡尺(图4-16);

(4)清洁活塞并把活塞加紧在虎台钳上(图4-17);

(5)用游标卡尺测量活塞的待测位置(图4-18);

(6)用千分尺测量活塞的外径(图4-19)。

学习任务四　发动机动力不足的检修（一）

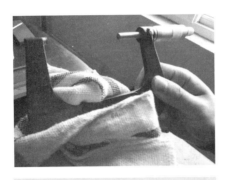

图 4-14　清洁千分尺

图 4-15　千分尺校零

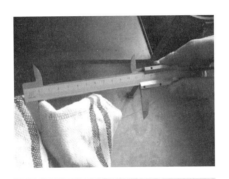

图 4-16　清洁游标卡尺

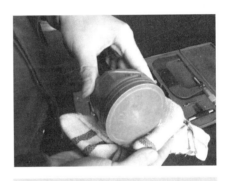

图 4-17　活塞的清洁

图 4-18　活塞待测位置

图 4-19　活塞测量

（7）将所测数据填入表 4-9 中。

汽缸测量数据表　　　　　　　　　　表 4-9

活塞号	一缸活塞	二缸活塞	三缸活塞	四缸活塞
横向测量值				
纵向测量值				
平均值				

引导问题 14 汽缸盖下平面翘曲度的测量步骤是什么？

（1）用铲刀分别从两边由内向外轻铲（图 4-20）。
（2）先用抹布向两边擦的清洁（图 4-21），然后放入油盆用毛刷轻轻清洗汽缸盖。

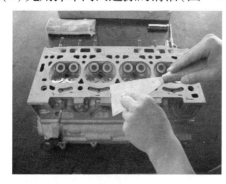

图 4-20 用铲刀清除异物

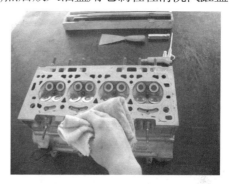

图 4-21 用抹布清洁

（3）用压缩空气先吹燃烧室，然后吹每个螺栓孔和油孔，最后从中间向两边吹整个平面（图 4-22）。
（4）用刀口尺和厚薄规在缸盖上依次测量横向（图 4-23）、纵向及交叉共 6 个位置（图 4-24）及每个位置 6 个点。

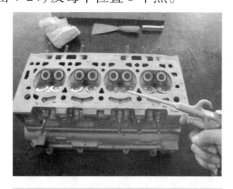

图 4-22 清洁燃烧室

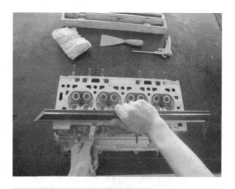

图 4-23 用厚薄规进行测量

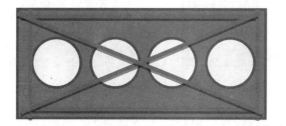

图 4-24 测量位置图

（5）整理工具，采用5S管理。

学生根据测量的情况，填写表4-10。

汽缸盖下平面翘曲度测量点的记录表　　　　表4-10

方向位置	测量点1	测量点2	测量点3	测量点4	测量点5	测量点6
纵向左						
纵向右						
横向左						
横向右						
对角线1						
对角线2						

注意

如果翘曲度小于0.02mm而测不出来，则表内值可填写小于0.02mm。

引导问题15　汽缸体上平面翘曲度的测量方法是什么？

（1）检测汽缸体平面翘曲度的设备和工具主要有爱丽舍车型发动机汽缸体、刀口尺、厚薄规（塞尺）、铲刀、压缩空气、抹布等（图4-25）。

（2）用铲刀分别从两边由内向外轻铲（图4-26）。

图4-25　检测汽缸体平面翘曲度的设备和工具

图4-26　用铲刀清洁缸体上表面

（注意：不要把杂质掉进汽缸、油孔和水道中）

（3）用抹布向两边轻轻擦汽缸体的上表面，防止杂物掉进缸里（图4-27）。

（4）用压缩空气先吹螺栓孔，再由中间向两边吹（图4-28）。

图4-27 用抹布清洁缸体上表面

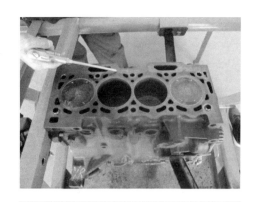
图4-28 用除尘枪清洁缸体上表面

（5）用刀口尺和厚薄规在缸盖上依次测量横向（图4-29）、纵向及交叉共6个位置（图4-30）及每个位置6个点。

图4-29 横向测量

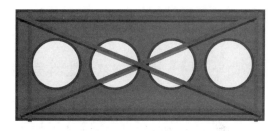
图4-30 测量的六个位置

（6）整理、清洁工具和场地。

学生根据测量时的情况，填写表4-11。

汽缸体上平面翘曲度测量点的记录表　　　　　　　　　　　　　　　表4-11

方向位置	测量点1	测量点2	测量点3	测量点4	测量点5	测量点6
纵向左						
纵向右						
横向左						
横向右						
对角线1						
对角线2						

学习任务四　发动机动力不足的检修（一）

如果翘曲度小于0.02mm而测不出来，则表内值可填写小于0.02mm。

根据测量数据完成汽缸盖和汽缸体平面的修复计划见表4-12。

汽缸盖和汽缸体平面度的修复计划　　　　　　表4-12

发动机型号	汽缸体、汽缸盖平面翘曲度技术要求	允许修理量		发动机的排列形式		
		汽缸盖	汽缸体	直列式	V式	对置式
汽缸盖最大的变形量（整个平面）mm	汽缸体最大的变形量（整个平面）mm	根据测量数据及技术资料选择修理方式			汽缸盖、汽缸体材料	
		可继续使用	修理	更换	铝合金	铸铁

引导问题 16　　如何规范地检测发动机汽缸体水套和汽缸盖水套的裂纹？

如图4-31所示，以343～441kPa的压力向发动机水套内压水，保持5min，认真检查汽缸体和汽缸盖是否渗漏。如有渗漏确定渗漏位置并更换相应的部件。

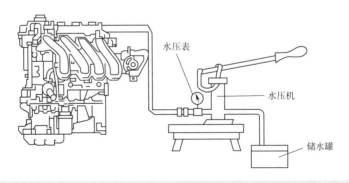

图4-31　水压测试

引导问题 17　　如何规范地测量汽缸的磨损？

（1）将汽缸体摆放平稳之后，用蘸过煤油或柴油的抹布，清洁要测量的汽缸壁（图4-32）。

(2) 游标卡尺清洁与校零（图4-33）。

图4-32　清洁汽缸壁

图4-33　游标卡尺清洁

(3) 测量待测汽缸未磨损处的横向和纵向的直径，如图4-34a)、图4-34b) 所示。

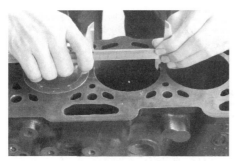

a) 横向测量

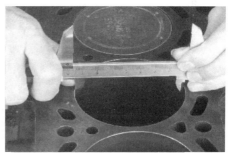

b) 纵向测量

图4-34　汽缸测量

(4) 用干净的抹布轻轻擦拭千分尺以及接杆两端（图4-35）。

(5) 对千分尺进行校零（图4-36）。

图4-35　千分尺清洁

图4-36　千分尺校零

(6)测试表头及转盘的活动情况(图4-37)。

(7)清洁表头和杆身(图4-38)。

图4-37 表头检查图

图4-38 表头和杆身清洁图

(8)安装量缸表(图4-39)。

图4-39 量缸表表的安装图

(9)对量缸表调零(图4-40)。

(10)测量横向和纵向汽缸直径(图4-41)。

图4-40 量缸表调零

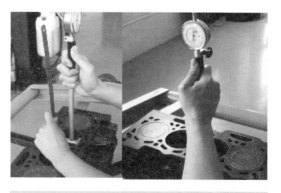

图4-41 横向纵向测量

(11)量缸表读数如图4-42所示。

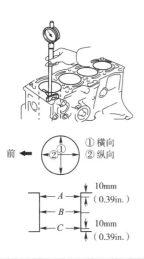

图4-42 量缸表的读数

(12)拆卸清洁工量具,整理工作台(图4-43)。

学生根据测量时的情况,填写下面空格和表4-13。

①游标卡尺测量汽缸内径为_____;
②百分表校零时千分尺应调整到_____;
③量缸表测量杆的长度选择为_____;
④是否添加垫片,_____(填写"是"或"否"),添加了_____mm的垫片。

图4-43 整理图

汽缸测量记录表　　　　　　　　　　　　　　表4-13

截面＼汽缸	第一缸	第二缸	第三缸	第四缸	第五缸	第六缸
上横向						
上纵向						
中横向						
中纵向						
下横向						
下纵向						

学习任务四 发动机动力不足的检修(一)

根据上表所显示的数据计算圆度值、圆柱度和汽缸的最大磨损量,填写表4-14。其中:

①在同一截面,圆度=(大的测量值直径-小的测量直径)/2;

②在不同截面,圆柱度=(最大测量直径-最小测量直径)/2:

圆度和圆柱度的值一般不大于0.05mm。

③汽缸最大磨损量=最大测量直径-标准直径。

汽缸的最大磨损量一般不大于0.20mm。

根据表4-14得:

①汽缸的最大圆度值为:＿＿＿＿＿＿ mm;

②汽缸最大圆柱度为:＿＿＿＿＿＿ mm;

③汽缸最大的磨损量为:＿＿＿＿＿＿ mm。

根据上述数据计算汽缸修理等级的确定。

数 据 处 理 表　　　　　　　　　　表4-14

汽缸号	第一缸	第二缸	第三缸	第四缸	第五缸	第六缸
圆度值						
圆柱度值						
最大磨损量						

引导问题18 如何规范地测量活塞环"三隙"?

(1)检验活塞环端隙的测量方法是:先将活塞环平整地放在待测的汽缸内,用活塞头将活塞推平(对未加工的汽缸应推到磨损最小处),然后用厚薄规插入活塞环开口处进行测量(图4-44)。

（2）活塞环侧隙的测量的方法是：将环放在槽内，围绕槽滚动一周，应能自由滚动，既不能松动，又不能有阻滞现象（图4-45）。

图4-44　端隙测量

图4-45　侧隙测量

（3）活塞环背隙的测量方法是：用深度尺测量活塞环槽的深度减去活塞环宽度（图4-46）。

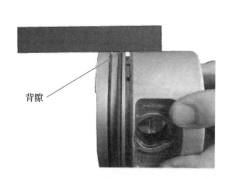

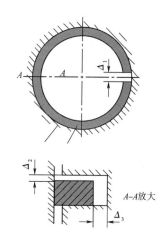

图4-46　背隙测量

学生根据工作时的情况，填写以下信息：

（1）活塞环气环的开口间隙为_____；

（2）活塞环气环的侧隙为_____；

（3）活塞环的背隙作用为_____。

三、评价与反馈

（1）对本学习任务进行评价并填写评价表（表4-15）。

学习任务四　发动机动力不足的检修（一）

评　价　表　　　　　　　　　表 4-15

考核项目	评分标准	分值	学生自评	小组评价	教师评价	小计
团队合作	是否和谐	5				
活动参与	是否主动	5				
安全生产	有无安全隐患	10				
现场5S	是否做到	10				
任务方案	是否合理	15				
操作过程	1. 发动机汽缸盖是否规范拆装； 2. 平面翘曲度的测量及确定； 3. 汽缸压力的测量； 4. 正确使用工具和设备	30				
任务完成情况	是否圆满完成	5				
操作过程	是否标准规范	10				
劳动纪律	是否严格遵守	5				
工单填写	是否完整、规范	5				
	总分	100				
教师签名				得分		

（2）在实施的过程中，是否存在一些安全隐患，请找出容易忽视地方。

（3）口述汽缸测量的步骤。

四、学习拓展

(1) 简述发生在自己周围汽车动力不足的故障现象。

(2) 汽车修理厂或4S店对汽车动力不足故障是如何排除的?

(3) 如何熟练地掌握汽车测量工具和设备的使用?

学习任务五

发动机动力不足的检修(二)

学习目标

完成本学习任务后,你应该能:
1. 叙述发动机配气机构的组成、作用和工作原理;
2. 叙述发动机配气机构各零件的安装位置和零件损坏的原因;
3. 正确地使用工具和设备;
4. 与同学密切合作,规范地拆装发动机汽缸盖、气门传动组、气门组,并调整气门间隙。

 建议完成本学习任务的时间为 30 课时。

 学习任务描述

一新爱丽舍1.6L轿车的车主反映其动力不足,燃油消耗量增加。经初步诊断为配气机构零件密封不严。现要对配气机构进行解体检查,确定故障部位,并进行维修。

学习内容

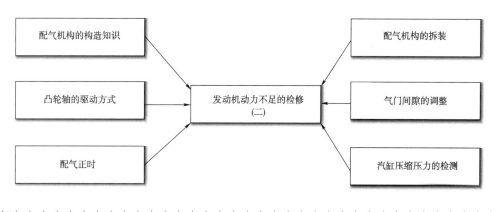

- -

一、资料收集

引导问题1 配气机构的作用及组成是什么?

配气机构的作用是根据发动机各缸的做功顺序和每一缸工作循环的要求,定时地打开和关闭各缸的进、排气门,使新鲜可燃混合气体(汽油机)或空气(柴油机)及时进入汽缸,废气及时从汽缸内排出,在压缩与做功行程中,保证燃烧室的密封。由于进入汽缸内的可燃混合气体或空气对发动机的性能影响非常大,因此气门不正常开闭会对发动机造成危害(表5-1)。

气门不正常的开闭对发动机的危害　　　　　　　　表5-1

气门开闭程度	后　　果
关闭不严	1. 压缩冲程漏气,汽缸压缩压力不足和燃气质量损失; 2. 做功冲程泄压,燃气压力降低
开、合度不够	进气不充分,排气不彻底,汽车发动机功率下降

如图5-1所示,配气机构主要由气门组和气门传动组组成。气门组由进气门、排气门、进气门座、排气门座、气门导管和气门弹簧等组成。气门传动组主要由凸轮轴、凸轮轴正时带轮、正时齿形带、张紧轮、挺柱、摇臂等组成。

学习任务五　发动机动力不足的检修（二）

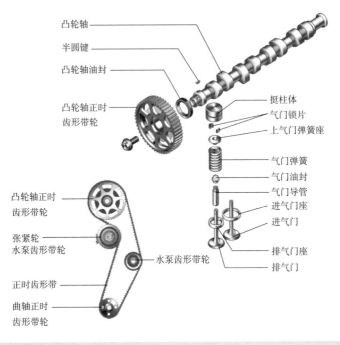

图 5-1　配气机构结构图

引导问题 2　配气机构的结构形式有哪些？

1　按照气门的安装位置分类

根据气门的安装位置的不同，配气机构可分为顶置气门式和侧置气门式。由于顶置气门有进气阻力小，燃烧室结构紧凑等优点而被广泛使用，而侧置气门逐渐被淘汰，如图 5-2、图 5-3 所示。

图 5-2　顶置气门式

图 5-3　侧置气门式

2 按照气门的数目来分类

根据发动机每缸气门的数目不同,配气机构可为两气门式、三气门式、四气门式和五气门式。对于输出功率要求不太高的普通发动机来说,两气门就能获得较为满意的发动机输出功率与转矩性能。对于排量较大、功率较大的发动机而言,则要采用多气门技术才能满足发动机的技术要求。三气门是由两个进气门,一个排气门组成;四气门是由两个进气门和两个排气门组成;五气门是由三个进气门和两个排气门组成,如图 5-4 所示。

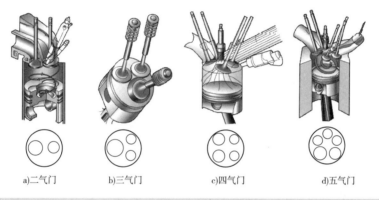

图 5-4 配气机构气门数目和排列形式

3 按照凸轮轴的布置形式来分类

根据凸轮轴的位置不同,配气机构可分分为凸轮轴上置式、凸轮轴中置式、凸轮轴下置式。由于凸轮轴上置时,配气机构的运动件少,传动链短,整个机构的刚度大,因此一般轿车均采用凸轮轴上置式,如图 5-5 所示。

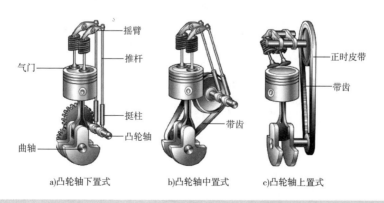

图 5-5 凸轮轴的布置形式

4 按照气门的驱动方式来分类

按照气门驱动方式的不同,可分为摇臂式(图5-6)和直接驱动式(图5-7)。摇臂式配气机构的凸轮轴通过摇臂驱动气门开启。直接驱动的配气机构没有摇臂装置,凸轮轴通过挺柱直接驱动气门开启。

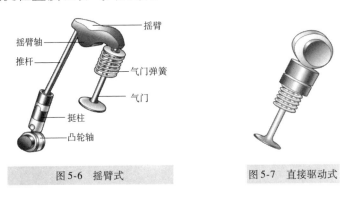

图5-6 摇臂式　　　　图5-7 直接驱动式

5 按照凸轮轴的数目分类

根据每个发动机中凸轮轴数目的不同,可分为单凸轮轴式、双凸轮轴式(图5-8)和四凸轮轴式(图5-9)。单凸轮轴配气机构的汽缸盖上只有一根凸轮轴,进、排气门由一根凸轮轴驱动。双凸轮轴配气机构的汽缸盖上有两根凸轮轴,一根驱动进气门,一根驱动排气门。四凸轮轴配气机构一般适合于V形发动机,有两根凸轮轴驱动进气门,两根凸轮轴驱动排气门。

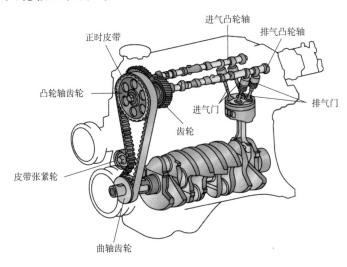

图5-8 双凸轮轴配气机构

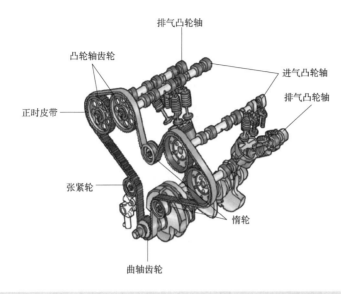

图 5-9　四凸轮轴配气机构

6 按照曲轴到凸轮轴的传动方式来分类

根据曲轴到凸轮轴的传动方式不同,可分为齿轮传动、链条传动、正时皮带传动,如图 5-10 所示。凸轮轴下置和中置的配气机构一般采用齿轮传动。凸轮轴上置的配气机构一般采用链传动和正时带传动。链传动的可靠性好、使用寿命长,但需要润滑和定期张紧,丰田卡罗拉轿车的发动机采用的就是链条传动形式。正时带传动具有传动平稳、噪声小的优点,东风雪铁龙爱丽舍轿车的发动机采用的是正时皮带传动形式。

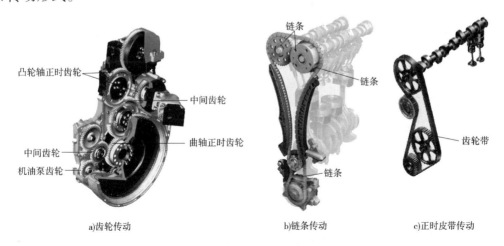

图 5-10　曲轴到凸轮轴的传动方式

学习任务五 发动机动力不足的检修(二)

> 东风雪铁龙爱丽舍轿车的配气机构为四气门、双凸轮轴、有摇臂,正时皮带驱动。

引导问题3 配气机构是如何工作的?

以东风雪铁龙爱丽舍轿车发动机的配气机构为例,如图 5-11 所示,发动机工作时,曲轴通过曲轴正时带轮、齿形带、凸轮轴正时带轮驱动凸轮轴旋转,当凸轮轴转到凸轮的凸起部分推动摇臂摆转,摇臂的另一端便向下推开气门,同时使弹簧进一步压缩通过挺柱,压缩气门弹簧,使气门离座,气门开启。当凸轮凸起部分离开摇臂时,气门便在气门弹簧力的作用下上升而落座,气门关闭。

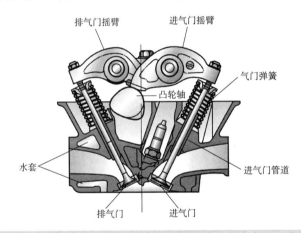

图 5-11 摇臂和摇臂轴配气机构

从上述工作过程可以看出,四冲程发动机每完成一个工作循环,各缸进、排气门各开启 1 次,完成一次进气和排气,此时凸轮轴旋转 1 周,而曲轴旋转 2 周,因此,曲轴与凸轮轴的转速比为 2∶1。

引导问题4 配气机构气门组零件的作用是什么?

气门组的作用是实现汽缸的密封,主要由进气门、排气门、进气门座、排气门座、气门导管和气门弹簧等组成。

1 气门

气门的作用是控制进、排气管道的开启与关闭,分为进气门和排气门。主要由气门头和气门杆身、尾部三部分组成,如图5-12所示。

头部用来封闭汽缸的进、排气通道,有平顶、喇叭形顶和球面顶,如图5-13所示。一般轿车的发动机采用的是平顶气门,进排气门均可使用。喇叭形顶头部多用于进气门,球面顶气门头部适用于排气门。由于进气阻力比排气阻力对发动机性能的影响大得多,为尽量减小进气阻力,通常进气门的尺寸略大于排气门。

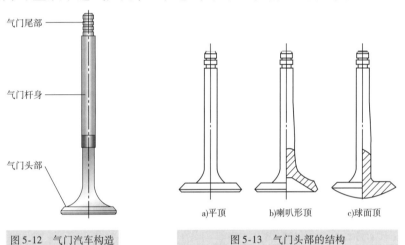

图5-12 气门汽车构造 图5-13 气门头部的结构

气门头部具有圆锥斜面,气门与气门座(圈)之间靠锥面密封。气门锥面与气门顶面之间的夹角为气门锥角,气门锥角为45°,也有采用30°的,如图5-14所示。

气门杆的形状为圆柱形,在气门导管中不断上、下往复运动。气门杆尾部结构取决于气门弹簧座的固定方式。常见的结构有锁片、锁销式、马蹄式,如图5-15所示。

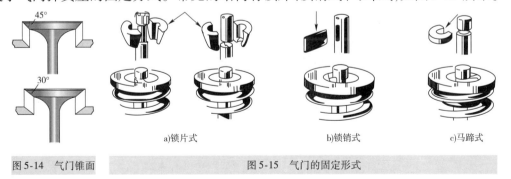

图5-14 气门锥面 图5-15 气门的固定形式

2 气门座

汽缸盖上进、排气通道口与气门锥面直接贴合的部位是气门座,如图5-16所示。

学习任务五 发动机动力不足的检修(二)

气门座的作用是与气门头部一起对汽缸进行密封,同时接受气门头部传来的热量,对气门进行散热。有的气门座直接在汽缸盖上镗出,有的则是单独制成气门座圈,镶嵌在汽缸盖上。

为使气门与气门座保持良好的密封效果,气门座应保证一定的宽度。进气门气门座的宽度较小,约为1mm,排气门因温度较高,为了方便散热,故排气门的宽度较大,一般为1.5mm。

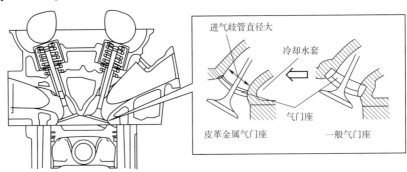

图 5-16　气门座

3 气门导管

气门导管的作用是为气门的往复直线运动起导向作用,使气门与气门座准确贴合,同时还在气门杆和汽缸盖之间起导热作用,如图 5-17 所示。气门杆与气门导管之间一般留有 0.05~0.12mm 的间隙,使气门杆在气门导管中自由地运动。为了防止过多的汽油从气门杆与气门导管的间隙处流入,在汽缸内和气门上形成积炭,有的发动机在气门杆上装有油封。

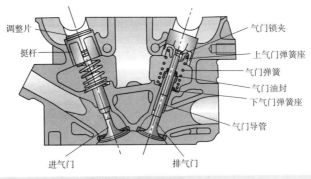

图 5-17　气门导管的位置

4 气门弹簧

气门弹簧的作用是使气门自动复位关闭,并保证气门与气门座圈紧密贴合,同时也吸收气门在关闭过程中各传动零件所产生的惯性力,以防各个传动件彼此分离而破坏配气机构正常工作。安装时,气门弹簧的一端支撑在汽缸盖上,另一端则压靠在气门杆尾端的弹簧座上,弹簧座用锁片固定在气门杆的末端。一般使用1~2根螺旋弹簧,二端磨平使压力平均,其表面涂有保护漆或表层电镀以起到保护作用。

为了防止弹簧发生共振,有的发动机采用不等螺距的弹簧(图5-18),即各圈弹簧的螺距疏密不等。在安装时,密的一端向汽缸盖,疏的一端向气门尾端。有的高速发动机采用同心安装的两根直径不同,旋向相反的内外气门弹簧(图5-19),不仅可以防止共振,还可防止折断的弹簧圈卡入另一个弹簧圈内。

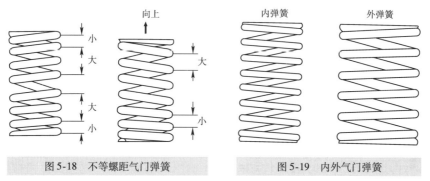

图5-18 不等螺距气门弹簧　　图5-19 内外气门弹簧

引导问题5 配气机构气门传动组零件的作用是什么?

气门传动组主要作用是使进排气门按照配气正时和点火次序开启和关闭,并保证一定的气门升程和开度。主要由凸轮轴、凸轮轴正时带轮、正时齿形带、张紧轮、挺柱等零件组成。由于配气机构的布置形式多样,气门传动组的差别也很大,东风雪铁龙新爱丽舍轿车和丰田卡罗拉轿车一般采用上置凸轮轴。

1 凸轮轴

凸轮轴的作用是使各气门按各缸的工作顺序和配气相位即时的开启和关闭,并保证气门有足够的升程,有些汽油机还用它来驱动汽油泵、机油泵和分电器。凸轮轴由曲轴的正时皮带或链条带动。

凸轮轴一般采用优质钢模锻而成,有的还采用合金铸铁或球墨铸铁铸造。凸轮轴为一根细长轴,由于要承受气门间歇开启的周期性冲击载荷,所以容易弯曲变形。如图5-20所示,凸轮轴主要由进排气凸轮、凸轮轴轴颈等组成。

有的发动机的进排气凸轮由同一根凸轮轴控制,有的发动机进、排气门分别由进、排气凸轮轴控制,如东风雪铁龙新爱丽舍轿车和丰田卡罗拉轿车都是双凸轮轴

学习任务五 发动机动力不足的检修(二)

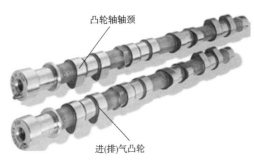

图5-20 凸轮轴

的配气机构,进气凸轮齿轮标记为"A"、排气凸轮标记为"E"。东风雪铁龙新爱丽舍轿车的TU5JP4发动机有两根凸轮轴,一根控制进气门的开闭,另一根控制排气门的开闭。两根凸轮轴的升程曲线和配气相位各不相同,安装时应注意区分,不能混淆。与TU5JPK的8气门发动机不同的是,TU5JP4发动机凸轮轴的轴承在汽缸盖中,是上下可分离的,取消了轴向止推片。

凸轮轴凸轮的轮廓决定了气门开启和关闭的持续时间,同时还在很大程度上决定了气门的最大升程和升降行程的运动规律(图5-21)。凸轮轴在安装时,凸轮轴齿轮和曲轴正时齿轮上的正时记号应对准,以保证正确配气相位。

2 挺柱

挺柱的作用是将凸轮的推力传递给推杆或气门杆,并承受凸轮轴旋转时所施加的侧向力,一般分为液压挺柱和机械挺柱。液压挺柱的长度能自动调整,故不需要预留气门间隙,也没有气门间隙调整装置。东风雪铁龙新丽舍轿车TU5JP4发动机所用的就是液压挺柱,如图5-22所示。

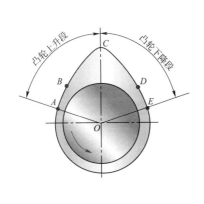

图5-21 凸轮轴的轮廓

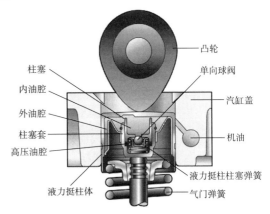

图5-22 液力挺杆结构

气门液压挺杆组主要由挺杆体、柱塞、柱塞油缸、单向阀等组成。其中柱塞与柱塞油缸是一对精密组件,两者相互研配而成,柱塞油缸外圆与挺杆体隔板的导向孔也需进行研磨,柱塞中装有单向阀。单向阀的弹簧可使气门挺杆上端面与凸轮轴保持紧密接触。

当凸轮轴转过基圆后,挺杆体带动柱塞向下移动,B腔内液体形成密封高压,由于液体不可压缩,故可类似于刚体带动气门下移,气门正常开启。当气门受热膨胀伸张,使得B腔压力过高时,少量油液通过柱塞与柱塞油缸之间间隙外泄,可保证气门能与座圈良好密合。当气门开始关闭或冷却收缩时,弹簧伸张,柱塞上移,B腔压力降低,形成真空区,机油从A腔进入B腔,以弥补间隙变化,如图5-23所示。

3 推杆

推杆的作用是凸轮轴经挺柱传来的运动和作用力要通过推杆传递给摇臂,凸轮轴上置式配气机构没有推杆,一般在下置式或中置式凸轮轴配气机构中才设有推杆(图5-24)。

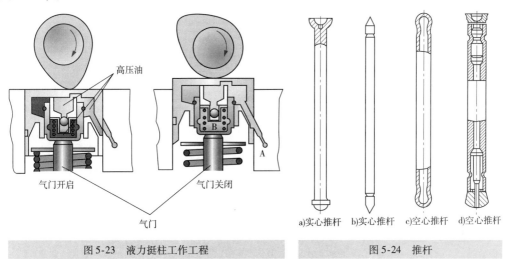

图5-23 液力挺柱工作工程　　　图5-24 推杆

4 摇臂

摇臂的作用是将推杆或凸轮传来的力改变方向,作用到气门杆端压缩气门弹簧以推开气门,东风雪铁龙爱丽舍轿车一般采用摇臂驱动。有的发动机采用直接驱动方式,即配气机构不再使用气门摇臂,由凸轮轴直接驱动使气门打开,如丰田卡罗拉汽车采用的就是直接驱动方式,如图5-25所示。

引导问题6 什么叫气门间隙,发动机为何要预留气门间隙?

气门间隙就是发动机在冷态下,当气门处于关闭状态时,气门尾端与气门传动零件(摇臂、挺柱或凸轮)之间的间隙(图5-26)。一般发动机进气门间隙为

0.25~0.30mm，排气门间隙为0.30~0.35mm，气门间隙过大或过小都会对发动机造成危害（表5-2）。有的发动机，采用的是长度能自动变化的液力挺柱，可随时补偿气门的胀、缩量，不需要留气门间隙。

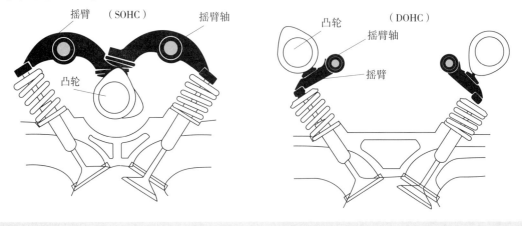

图5-25 摇臂

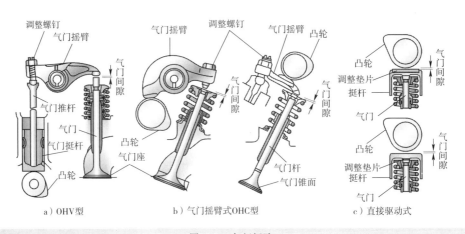

图5-26 气门间隙

气门间隙不合格对发动机的危害　　　　　　　　　　　表5-2

气门间隙	后　　果
过大	1. 进、排气门开启迟，会缩短进排气时间，降低气门的开启高度，改变正常的配气相位。 2. 发动机进气不足、排气不净会使发动机功率下降。 3. 使配气机构零件的撞击增加，磨损加快
过小	1. 气门组零件受热膨胀，会将气门推开，使气门关闭不严，燃烧室漏气，从而使功率下降。 2. 气门的密封表面严重积炭或烧坏，甚至气门撞击活塞

> **引导问题 7** 什么叫配气相位？

配气相位是指用曲轴转角表示的进、排气门的开启时刻和开启延续时间。配气相位通常用环形图表示，简称为配气相位图，如图 5-27 所示。

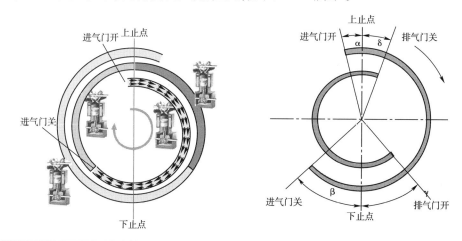

图 5-27 配气相位图

现代发动机转速很高，一个行程经历的时间很短，短时间的进气和排气过程会造成发动机充气不足或者排气不净，从而使发动机功率下降。现代发动机都会延长进、排气时间，即气门的开启和关闭时刻并不恰好是活塞处于上止点和下止点的时刻，而是分别提前或延迟一定的曲轴转角，以改善进、排气状况，从而提高发动机动力性。

1 进气门提前角 α

在排气行程接近终了，活塞到达上止点之前，进气门便开始开启。从进气门开始开启到上止点所对应的曲轴转角称为进气提前角。进气提前角用 α 表示，α 一般为 10°~30°。由于进气门早开，使得活塞到达上止点开始向下运动时，进气门已有一定开度，所以可较快地获得较大的进气通道截面，减少进气阻力。

2 进气迟后角 β

在进气行程下止点过后，活塞重又上行一段，进气门才关闭。从下止点到进气门关闭所对应的曲轴转角称为进气迟后角。进气迟后角用 β 表示，β 一般为 40°~80°，可利用压力差和进气惯性继续进气。

学习任务五 发动机动力不足的检修(二)

3 排气提前角 γ

在做功行程的后期,活塞到达下止点前,排气门便开始开启。从排气门开始开启到下止点所对应的曲轴转角称为排气提前角。排气提前角用 γ 表示,γ 一般为 40°～80°。可利用汽缸内的废气压力提前自由排气,减少排气消耗的功率。高温废气的早排,可以防止发动机过热。

4 排气迟后角 δ

在活塞越过上止点后,排气门才关闭。从上止点到排气门关闭所对应的曲轴转角称为排气迟后角。排气迟后角用 δ 表示,δ 一般为 10°～30°。可利用缸内外压力差和惯性继续排气。由此可见,气门开启持续时间内的曲轴转角,即排气持续角为 γ + 180° + δ。

5 气门重叠角 α + δ

进气门曲拐转到距上止点位置 α 角时打开,排气门在曲拐转过上止点位置 δ 角时关闭,在一段时间内进、排气门同时开启现象,称为气门重叠。进、排气门同时开启过程对应的曲轴转角称为气门重叠角,即气门重叠角为 α + δ。

由于进气流和排气流都有流动惯性,短时间内不会改变流向,进入汽缸内部的新鲜气体可增加汽缸内的压力,将废气挤出,对发动机的换气是有利的。

6 配气相位与发动机转速和负荷关系

发动机转速不同,配气相位也应不同。转速越高,每一次进、排气时间越短,要求提前角和迟后角越大。

发动机负荷不同,配气相位也应不同,汽油机小负荷运转时,进气压力较低,气门重叠角应减小,否则易出现废气倒流现象。

目前大多数发动机配气相位是不能改变的,少数电脑控制发动机配气相位可以随发动机转速、负荷进行调整。

由于不同的发动机,配气相位并不相同,因此凸轮轴不能互换。

二、实施作业

引导问题 8 作业时需要哪些工具、材料和设备?

(1)工具:气门拆装钳、游标卡尺、千分尺、凸轮轴定位销、曲轴定位销、张紧轮定位销、正时皮带夹紧器和世达 150 件套组合工具,如图 5-28 所示。

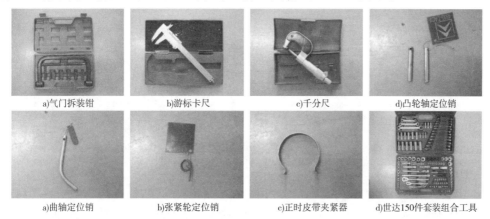

图 5-28 作业用工具

(2)TU5JP4 发动机拆装实训台架,爱丽舍(1.6L)轿车。
(3)资料:《东风雪铁龙轿车爱丽舍维修手册》。

引导问题 9 作业前的准备有哪些?

(1)对工位进行清洁,准备好相关器材。
(2)发动机台架进入工位,配备工具车及工作台。
(3)将工具合理摆放在工具车上。

引导问题 10 怎样规范地拆装凸轮轴与正时齿轮?

(1)拆卸皮带轮、正时齿轮室壳体、中间支架、起动机支架。
(2)用飞轮定位销定位发动机飞轮。
(3)装上凸轮轴齿轮定位销和张紧轮销,拧松张紧轮螺栓,拆卸正时皮带。

学习任务五　发动机动力不足的检修（二）

（4）从外向内逐渐拧松凸轮轴室盖的螺栓，拆卸发动机装饰罩、汽缸盖罩、曲轴箱通风管，如图5-29所示。

（5）从外向内逐渐拧松汽缸盖的螺栓，拆卸汽缸盖螺栓。

（6）用缸盖分离杆将汽缸盖摇松，注意不要损坏正时齿轮室壳体，拆卸缸盖和汽缸垫。

（7）将汽缸盖总成放在工作台上，取下凸轮轴定位销，用开口或活动扳手在"A"处固定凸轮轴，拆卸凸轮轴正时齿轮、凸轮轴正时齿轮和正时齿轮室体，如图5-30所示。

图5-29　拆卸凸轮室盖

图5-30　拆卸正时齿轮

（8）从外向内逐渐拧松凸轮轴盖的固定螺栓，拆卸凸轮轴轴承盖、凸轮轴密封圈、凸轮轴，如图5-31所示。

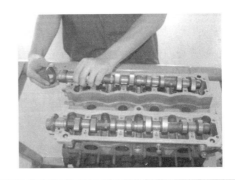

图5-31　拧松凸轮轴盖固定螺栓

（9）拆卸液压推杆，标记其位置，如图5-32所示。

引导问题11　怎样规范地拆装气门组零件？

（1）用弓形气门拆装钳和木块压缩并拆下气门锁片，如图5-33所示。

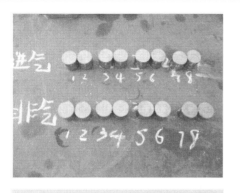

图 5-32 拆卸液压推杆

图 5-33 拆下气门锁片

（2）拆下弹簧座圈、气门弹簧和气门，如图 5-34 所示。

（3）用气门油封拆卸工具拆下油封。用压缩空气和磁棒，吹入空气以拆下气门弹簧座。将拆下的零件按顺序和组别放好（图 5-35）。

图 5-34 拆下气门弹簧

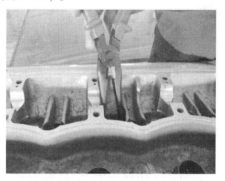

图 5-35 按照顺序摆放各部件

引导问题 12 怎样规范地检查凸轮轴？

1 凸轮磨损的检测

用外径千分尺在每个凸轮的前后两个位置（图 5-36）检测其尺寸（基圆底部到桃尖位置）。将凸轮的高度与维修手册中的数据进行比较，其中有一项不符合规定值就应更换凸轮轴。

2 检查凸轮轴轴向间隙

安装凸轮轴，来回移动凸轮轴的同时，用百分表测量进排气凸轮轴的轴向间隙，并与维修手册中的数据进行比较，其中有一项不符合规定值就应更换凸轮轴，如图 5-37 所示。

学习任务五 发动机动力不足的检修(二)

图 5-36 凸轮磨损检测

图 5-37 检查凸轮轴轴向间隙

3 检查凸轮轴油膜间隙

清洁轴承盖和凸轮轴轴颈,将凸轮轴放到凸轮轴壳上,把塑料间隙规摆放在各凸轮轴轴颈上,装上轴承盖并拧至规定的力矩,再拆下轴承盖,测量塑料间隙规最宽处,查阅维修手册,与标准值进行比较,其中有一项不符合规定值就应更换凸轮轴。

引导问题 13 怎样规范地检查气门与气门油膜间隙?

1 检查气门

(1)使用衬垫刮刀,刮除气门头部上的所有积炭,如图 5-38 所示。

(2)用游标卡尺测量气门的总长(图 5-39)。如果总长小于标准值,则更换气门。

图 5-38 刮除气门头部的积炭

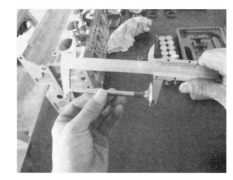

图 5-39 测量气门总长度

(3)用螺旋测微器测量气门杆直径(图 5-40)。如果气门杆直径不符合规定,则检查油膜间隙。

(4)用游标卡尺测量气门头部边缘厚度(图 5-41)。如果边缘厚度小于最小值,则更换气门。

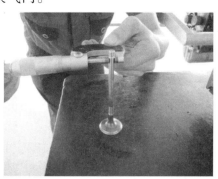

图 5-40 测量气门杆直径

图 5-41 测量气门头部边缘厚度

2 气门杆油膜间隙的检查

拆下气门杆油封,将符合气门杆部直径要求的气门,在气门杆部清洁干净后涂上机油,插回相配的气门导管中,如气门能在自身重量的作用下慢慢往下落,说明油膜间隙符合要求。如果气门不能靠自身的重量慢慢往下滑,有可能是气门杆部发生变形,需要更换。如果气门插回导管后迅速下落,说明气门杆部的油膜间隙过大,需要更换气门导管。

引导问题 14 怎样规范地检查与更换气门座?

1 检查气门座

(1)在气门锥面上涂抹一薄层普鲁士蓝,使气门锥面轻压气门座。

(2)如果整个(360°)气门锥面均出现普鲁士蓝,表明气门锥面是同心的,否则更换气门。

(3)如果整个(360°)气门座均出现普鲁士蓝,表明气门导管和气门锥面是同心的,否则,重修气门座表面。

(4)检查并确认气门座接触面在气门锥面的中部,气门座宽度应在 1.0~1.4mm,如图 5-42 所示。

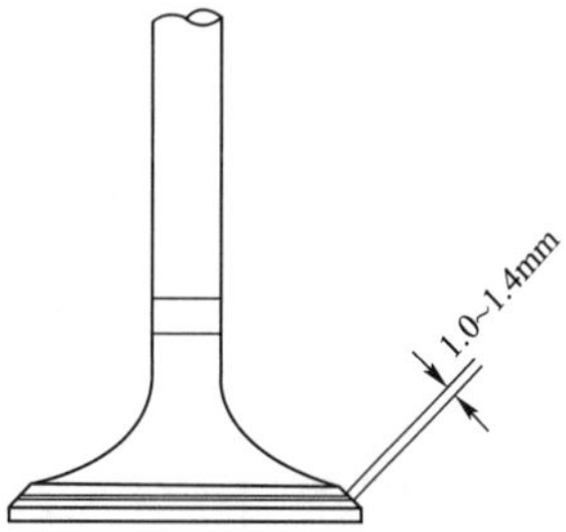

图 5-42 气门座宽度

2 更换气门座

如果是整体式气门座,则需要更换汽缸盖。如果气门座是镶入式的,则将汽缸盖加热至 80~100℃,取出气门座,更换气门座。

学习任务五 发动机动力不足的检修(二)

引导问题 15 ▶ 怎样规范地检查气门弹簧?

检查气门弹簧方法如下:

(1)使用游标卡尺,测量气门弹簧的自由长度。与维修手册中的数据进行比较,如果自由长度不符合规定,则更换气门弹簧,如图5-43所示。

(2)用钢角尺测量气门弹簧的偏移量。与维修手册中的数据进行比较,如果偏移量大于最大值,则更换气门弹簧,如图5-44所示。

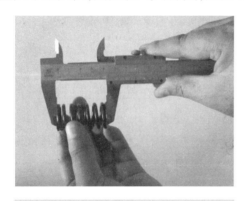

图5-43 测量气门弹簧自由长度

图5-44 测量气门弹簧偏移量

引导问题 16 ▶ 怎样规范地安装气门组零件?

(1)将气门弹簧座安装到汽缸盖上。

(2)在新油封上涂抹一薄层发动机机油,安装气门油封,如图5-45所示。

(3)在进气门的顶部涂抹足量发动机机油,将气门、压缩弹簧和弹簧座圈安装到汽缸盖上。

(4)用弓形气门拆装钳和木块压缩弹簧安装两个座圈锁片,如图5-46所示。

(5)用塑料锤轻敲气门杆顶部以确保安装到位。

(6)用MOLYDAL GB SP 320G油润滑挺杆,按前面所做的标记将挺杆安装到原始位置并确保挺杆在缸盖中自由转动。

图5-45 安装气门油封

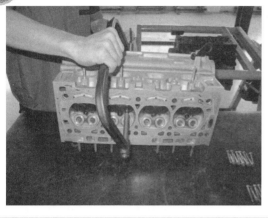
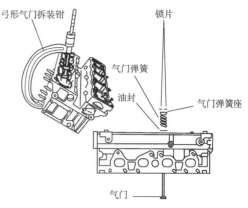

图 5-46 安装锁片

引导问题 17 ▶ 怎样规范地安装凸轮轴?

(1)用 MOLYDAL GB SP 370G 润滑油润滑凸轮和轴承。如图 5-47 所示,将凸轮轴切口"G"按(进气凸轮:7 点钟位置、排气凸轮:8 点钟位置)的方向对准,安装在缸盖上的轴承孔中,并认真清理缸盖和凸轮轴轴承盖接合面。

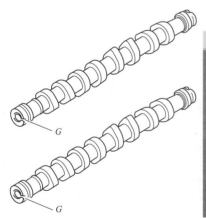

图 5-47 凸轮轴切口方向

(2)安装凸轮轴轴承盖,按规定顺序逐步拧紧固定螺栓,预拧紧至 2N·m,再次拧紧至 8N·m,如图 5-48 所示。

(3)用凸轮轴油封专用工具安装凸轮轴油封,如图 5-49 所示。

(4)用开口或活动扳手在"A"处固定住凸轮轴,安装正时齿轮室体和凸轮轴齿轮,并将凸轮轴螺栓拧紧至 80±8N·m,如图 5-50 所示。

学习任务五 发动机动力不足的检修（二）

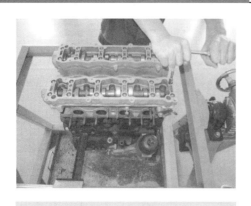

图 5-48 拧紧紧固螺栓

图 5-49 安装凸轮轴油封

引导问题 18 怎样规范的调整气门间隙？

常用的气门间隙的调整方法为逐缸法和两次法。其中两次法比较常用，下面介绍两次法的具体调整步骤。

（1）确认进、排气门（图 5-51）。可根据气门与所对应的气道确定。进气歧管所对的是汽缸盖上的进气道和进气门；排气歧管所对的是排气道和排气门，也可用转动曲轴观察确定。

图 5-50 安装凸轮轴齿轮

图 5-51 确认进、排气门

（2）确定一缸压缩上止点。查看点火正时标记（图 5-52），查看分电器，在火花塞孔塞棉团等。大多发动机在曲轴的后端或前端制有确定第一缸上止点的记号。当两记号对齐时，第一缸活塞就会正好处于压缩或排气上止点位置。

（3）以工作顺序为 1—3—4—2 的发动机为例，确定第一次可调气门。当第一缸处于压缩上止点时，可调整间隙的气门有：第一缸的进排气门、第二缸的排气门及第三缸的进气门，如图 5-53 所示。

图 5-52 使用正时标记找到一缸压缩上止点

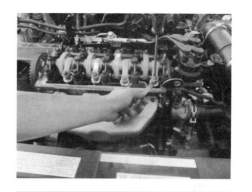

图 5-53 气门间隙调整

> 进气门的间隙一般为 0.25～0.3mm，排气门的间隙一般为 0.3～0.35mm。选择合适的厚薄规，转动调节螺钉，到厚薄规前后移动时感觉到有些拖滞为止。

（4）将发动机转动一圈，按相同的方法调整剩余的气门间隙。

（5）选择合适的厚薄规，复查气门间隙是否在合格的范围内，否则调整至合格为止。

（6）清洁场地。

引导问题 19　怎样规范地检测汽缸压力？

（1）打开点火开关，起动发动机并保持怠速运转 3～5min。在此期间观察水温表的变化，当水温达到 90℃ 左右时，关闭点火开关，发动机停止运转（图 5-54）。

（2）拆卸发动机装饰罩（图 5-55）。

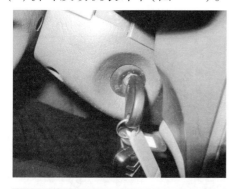

图 5-54 起动发动机使水温升高

图 5-55 拆卸发动机装饰罩

(3)清洁发动机的上部(图5-56)。
(4)拔下点火模块电插头(图5-57)。
(5)拔下喷油器电插头(图5-58)。
(6)用火花塞专用工具拆卸火花塞(图5-59)。
(7)检测发动机汽缸压力(图5-60)。
(8)对每个汽缸重复测量2~3次,逐次测量所有的汽缸,然后取平均值并记录于表5-3。

图5-56 清洁发动机上部

图5-57 拔下点火模块

图5-58 拔下喷油器电插头

图5-59 拆卸火花塞

图5-60 汽缸压力检测

汽缸压力检测值 表5-3

缸数 测量数	第一缸	第二缸	第三缸	第四缸
汽缸压力1				
汽缸压力2				
汽缸压力3				
平均值				

(9)安装拆下的机件并整理和清洁现场。

三、评价与反馈

(1)对本学习任务进行评价并填写评价表(表5-4)。

评 价 表　　　　　　　　　　　　　　　　　表5-4

考核项目	评分标准	分值	学生自评	小组评价	教师评价	小计
团队合作	是否和谐	5				
活动参与	是否主动	5				
安全生产	有无安全隐患	10				
现场5S	是否做到	10				
任务方案	是否合理	15				
操作过程	1.拆装凸轮轴； 2.拆装缸盖； 3.拆装和检查气门； 4.拆装和检查气门座； 5.检查气门弹簧和气门导管； 6.调整气门间隙； 7.检测汽缸压缩压力	30				
任务完成情况	是否圆满完成	5				
操作过程	是否标准规范	10				
劳动纪律	是否严格遵守	5				
工单填写	是否完整、规范	5				
	总分	100				
教师签名				得分		

(2)在实施的过程中,是否存在一些安全隐患？请找出容易忽视地方。

(3)口述本次故障诊断的流程。

学习任务五　发动机动力不足的检修(二)

四、学习拓展

(1)查阅资料,进一步拆装气门组时怎样进行双人作业配合。

(2)查阅资料,说明富康轿车和桑塔纳轿车气门间隙的调整方法有哪些不同。

(3)查阅资料,总结气门异响的诊断流程。

汽车发动机机械维修

学习任务六

发动机水温过高的检修

学习目标

完成本学习任务后,你应该能:
1. 叙述发动机冷却系统的组成、作用和工作原理;
2. 明确冷却液的分类、环保及安全措施;
3. 能读懂给定的"检测工艺流程",对测试结果进行分析;
4. 正确地使用工具和设备;
5. 与同学密切合作,规范地更换冷却液、检查电动风扇、节温器、散热器及水泵。

 建议完成本学习任务的时间为 **16** 课时。

 学习任务描述

一辆新爱丽舍1.6L轿车,车主反映:该车在行驶过程中,水温表指针处在红色报警区域。需要你对冷却系统进行检测,确定故障部位,并进行修理。

学习任务六　发动机水温过高的检修

 学习内容

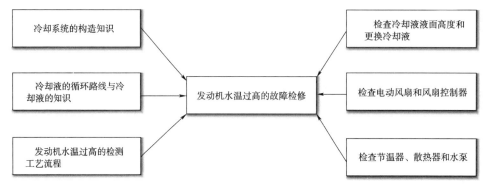

一、资料收集

引导问题1　冷却系统的作用及组成是什么？

冷却系统的作用是保持发动机在最适宜的温度（80~90℃）范围内工作。既要防止发动机夏季过热，又要防止发动机冬季过冷。在冷起动时，冷却液还要保证发动机迅速升温，尽快达到正常的工作温度，不正常的冷却会对发动机造成危害（表6-1）。

不正常的冷却对发动机的危害　　　　　　　　　　表6-1

冷却程度	后　果
过冷	1. 发动机热量散失过多，燃油消耗增加； 2. 冷凝在汽缸壁上的燃油会流到曲轴箱中，稀释润滑油，加剧汽缸的磨损
过热	1. 发动机充气量减少，混合气体燃烧不正常； 2. 发动机功率下降，润滑不良，加剧汽缸的磨损

冷却系统主要由膨胀水箱、电动风扇（有的装风扇离合器）、水泵、水套、散热器、百叶窗、节温器、水管、水温表和传感器等组成（图6-1）。

引导问题2　冷却液在发动机中是如何循环的？

冷却系统的冷却液经水泵加压后，在水套中流动，流动过程中冷却水会从汽缸壁吸收热量,使温度升高,热水向上流入汽缸盖,通过节温器,冷却液分为大循环和小循环进行冷却。

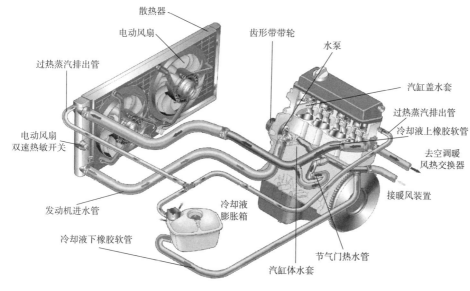

图6-1　冷却系统结构图

1. 水冷却系统的大循环

冷却液经水泵→水套→节温器→散热器→水泵压入水套进行循环,其水流路线长,散热强度大,称水冷却系统的大循环,如图6-2a)所示。

2. 水冷却系统的小循环

冷却液经水泵→水套→节温器后不经散热器,直接由水泵压入水套进行循环,其水流路线短,散热强度小,称水冷却系统的小循环,如图6-2b)所示。

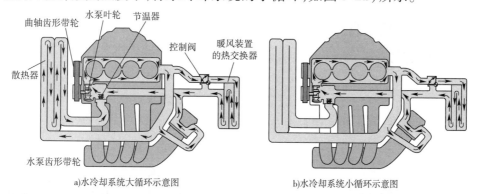

a) 水冷却系统大循环示意图　　b) 水冷却系统小循环示意图

图6-2　水冷却系统循环示意图

学习任务六　发动机水温过高的检修

引导问题3　冷却系统的主要部件有哪些？主要作用是什么？

冷却系统主要部件有水泵、节温器、散热器、膨胀水箱和风扇。

1 水泵

水泵的作用是对冷却水加压，使其在冷却系统中循环流动。如图6-3所示，离心式水泵主要由水泵壳体、叶轮、泵盖、水泵轴、支承轴承、衬垫、水封等组成，其中水泵与风扇同轴，通过V带传动。

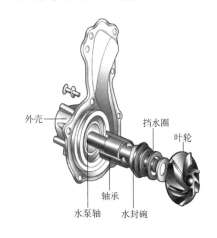
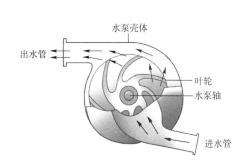

图6-3　离心式水泵结构图

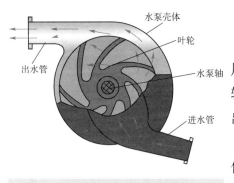

图6-4　水泵工作原理图

水泵的工作原理如图6-4所示：

（1）压水。叶轮旋转时，由于离心力的作用，水会被甩向叶轮边缘，在蜗形壳体内将动能转变为压力能，经外壳上与叶轮成切线方向的出水管被压送到发动机水套内。

（2）吸水。与压水同时，叶轮中心处压力降低，散热器中的水通过进水管被吸进叶轮中心部分。

2 节温器

节温器的作用是随发动机负荷和水温的高低自动改变冷却液的流量和循环路线，保证发动机在适宜的温度下工作，减少燃料消耗和机件的磨损。如图6-5所示，

120

蜡式节温器主要由上支架、下支架、主阀门、旁通阀、感应体、中心杆、橡胶管和弹簧等组成。

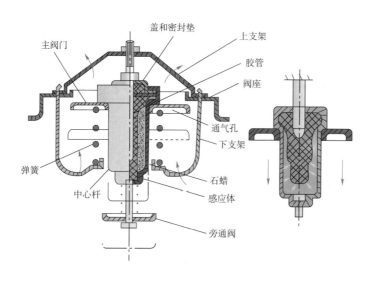

图 6-5　节温器的结构图

节温器的上支架和下支架与阀座铆成一体。中心杆上端固定在上支架的中心，其下部插入橡胶管的中心孔内，中心杆下端呈锥形。橡胶管与感应体外壳之间的空腔里装有石蜡。为了提高导热性，石蜡中常掺有铜粉和铝粉，感应体外壳上下部有联动的主阀门和旁通阀门(图 6-6)。主阀门上有通气孔(图 6-7)，它的作用是在加水时使水套内的空气经小孔排出，保证能加满水。

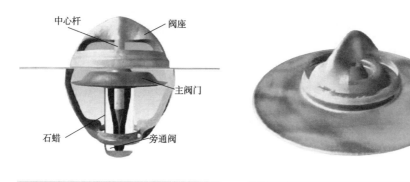

图 6-6　节温器　　　　　　　　图 6-7　节温器通气孔

（1）当水温低于 349K(76℃)时，主阀门完全关闭，旁通阀完全开启，由汽缸盖出来的水经旁通阀直接进入水泵，故称小循环。由于水只是在水泵和水套之间流动，不经过散热器，且流量小，所以冷却强度弱(图 6-8、图 6-9)。

学习任务六　发动机水温过高的检修

图6-8　小循环节温器

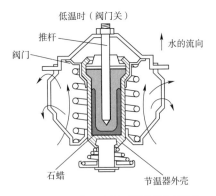

图6-9　小循环路线图

（2）当发动机内水温升高到359K（86℃），主阀门完全开启，旁通阀完全关闭，冷却水全部流经散热器，称为大循环。由于此时冷却水流动路线长、流量大，所以冷却强度强（图6-10、图6-11）。

图6-10　大循环节温器

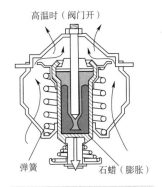

图6-11　大循环路线图

小　提　示

东风雪铁龙新爱丽舍轿车节温器初开温度为89℃，全开温度为101℃，当水温达到118℃时过热报警指示灯点亮。

3　散热器

散热器的作用是使水套中出来的热水分成许多较小的水流，增大受热面积，使水迅速冷却，以保持发动机的正常水温。车用散热器一般分为纵流式（图6-12）和横流式（图6-13）两种，大多数轿车都采用横流式。如图6-14所示，散热器主要由上水室、下水室、散热器芯、散热器盖等组成。

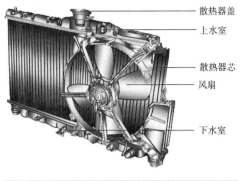

图6-12 纵流式散热器

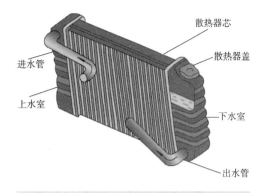

图6-13 横流式散热器

1 上水室和下水室

上水室和下水室分别装有进水管和出水管,进水管与汽缸盖的出水管相连,出水管与水泵的进水管相连。上水室的上端有加水口,冷却液由此加入整个冷却系统,并装有散热器盖密封,下水室的下端设有放水开关,必要时可将散热器内的水放掉。

2 散热芯

散热芯一般有管片式和管带式两种,主要由许多扁平的冷却水管和散热片组成。采用散热片不但可以增加散热面积,还可增加整个散热器的刚度和强度。

3 散热器盖

散热器盖上装有压力阀和真空阀,有密封加压的作用。发动机正常温度时,真空阀关闭,系统内压力高于大气压,使冷却水的沸点提高,从而可以保证发动机在较长时间及较高温度负荷下工作。当散热器中压力超过一定值时,压力阀开启,从而防止冷却液膨胀压坏散热器芯管;当水温降低,水蒸气凝结为水,内部压力小于大气压,此时真空阀开启,以避免压力差将散热器芯管压瘪(图6-14)。

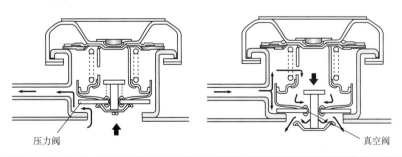

图6-14 散热器盖结构图

学习任务六 发动机水温过高的检修

小提示

在打开散热盖时应用擦布来保护手部,慢慢松开膨胀罐或水箱盖,待降压后再打开。

4 膨胀水箱

图 6-15 膨胀水箱

现代发动机常用的水箱旁边还设有一个储液箱,称为副水箱,也称膨胀水箱(图6-15)。无需打开散热器盖,透过箱体可直接方便地观察到液面高度。膨胀水箱的上部用一个较细的软管与水箱的进水管相连,底部通过水管与水泵的进水侧相连接,通常位置略高于散热器。

5 冷却风扇

冷却风扇是散热器散热部位的通风装置,主要作用是提高流经散热器的空气流速和流量,以增强散热器的散热能力,从而加大发动机的冷却强度。大多数冷却风扇安装在散热器的前面,现在的轿车大多采用的是电动风扇。电动风扇主要由风扇、风扇继电器、水温控制盒、风扇电机等组成(图6-16、图6-17),主要有以下两种控制形式。

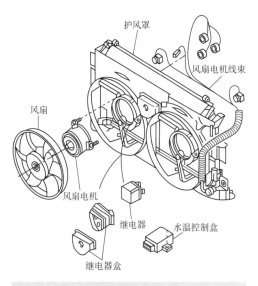

图 6-16 爱丽舍轿车电动风扇的结构

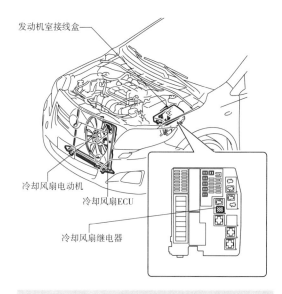

图 6-17 卡罗拉轿车冷却风扇结构

1 由继电器和水温控制盒等元件控制

如图6-18所示,东风雪铁龙爱丽舍轿车就采用这种控制形式,它的电动风扇主要有三种工作模式:

(1)打开点火开关,将钥匙置于M位,待发动机正常运转,水温达92～97℃时,15N1与15N8导通。813闭合,720与721串联,两风扇同时低速旋转。

(2)打开点火开关,将钥匙置于M位,发动机正常运转,水温达101℃时,15N10、15N1均与15N8导通,813、814、815均闭合,720与721并联,两风扇同时高速旋转。

(3)发动机停机后,若水温达112℃时,15N1与15N8导通。两风扇同时低速旋转,延时工作6min。

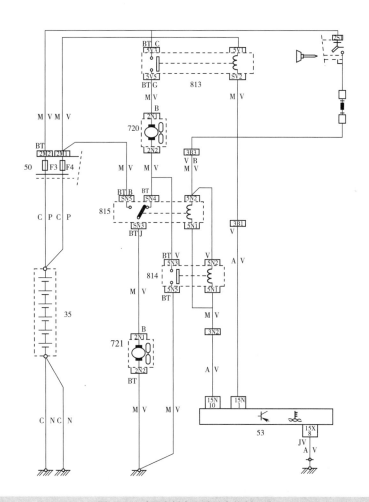

图6-18 爱丽舍轿车电动风扇控制电路

学习任务六 发动机水温过高的检修

❷ 由 ECU 控制冷却风扇转速

采用这种控制形式的卡罗拉轿车的控制电路见图6-19。其中,ECU会根据冷却液温度传感器、车速传感器和进气温度传感器等实现对风扇转速的控制。

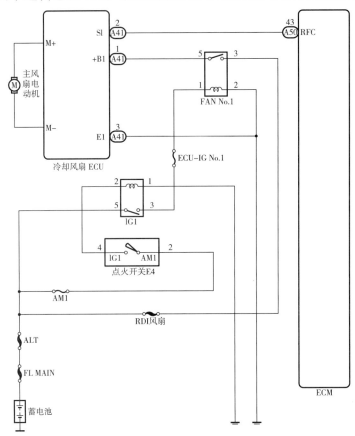

图6-19　卡罗拉轿车电动风扇控制电路

❻ 水温表

图6-20　水温显示

水温表的作用是指示发动机冷却水套中冷却水的温度（图6-20）。水温表使用时正常情况下,指针显示温度为90℃左右。如果报警灯亮,应使发动机回到怠速状态运行。部分车型冷却系常见参数见表6-2。

> **小　提　示**
>
> 热车停车后散热器冷却风扇还可以继续工作一段时间。

部分车型冷却系常见参数　　　　　　　　　　表 6-2

车　型	节温器开启温度	风扇电机数量×功率	低速运转开启温度	高速运转开启温度	节温器最大升程
爱丽舍	89℃	2×250W	96℃	101℃	7.5mm
卡罗拉	80~84℃	1×20W	97℃	100℃	>10mm
桑塔纳2000	85℃	2×200W	95℃	105℃	>7mm

引导问题 4　发动机对冷却液有何要求？

为防止发动机水套产生水垢，阻碍传热，冷却液应使用软水，因此冷却液是用水与防冻剂配制而成的。

冷却液具有防冻、防沸腾、防锈蚀和抑制泡沫产生的作用。但在使用的过程中，冷却液中的防锈剂和泡沫抑制剂会逐渐消耗掉，因此应定期更换。

专用冷却液一般呈深绿色或深红色，有一定的毒性，使用时应注意。

小　提　示

防冻液的冷凝点，不得高于当地的最低气温。

引导问题 5　对冷却液的环境保护和安全措施有哪些？

环保和安全注意事项包括以下内容。

1 环境保护

（1）冷却液的主要成分为乙二醇，是一种对水有污染的液体，对水有轻微污染，因此不允许将冷却液排入地表水域和下水道，作业时只能在防渗的地面上进行。

（2）废弃的冷却液必须单独盛装，并妥善保管和回收利用。

（3）沾上冷却液的抹布或物品，不得作为生活垃圾处理。

2 安全措施

（1）冷却液对人皮肤有损害，作业时应戴上个人防护装备。

（2）沾上冷却液的衣服或鞋子，必须立即脱下并更换。

学习任务六 发动机水温过高的检修

(3) 皮肤接触到冷却液,立即用水和肥皂清洗并彻底冲洗。

(4) 眼睛接触到冷却液,应翻开眼皮并用流水冲洗眼睛几分钟。

(5) 吸入冷却液,立即漱口并喝下大量清水,然后尽快去医院治疗。

引导问题6 发动机水温过高的工艺流程是怎样的?

发动机水温表指针处在红色报警区域,表明发动机冷却系统的水温超过了规定值,应按照规定的检测流程(图6-21)进行分析。

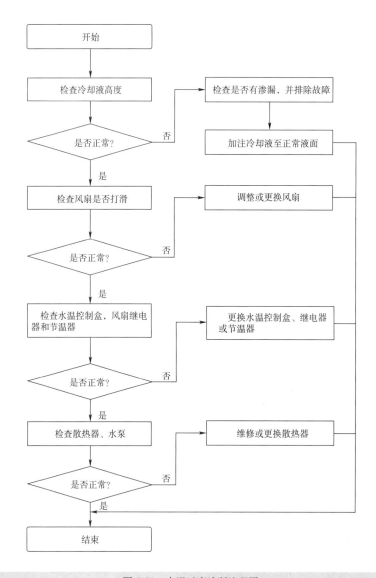

图6-21 水温过高诊断流程图

二、实 施 作 业

引导问题 7　作业时需要哪些工具、材料和设备?

（1）工具：加注桶、钳子、螺丝刀一套、L形内六角扳手、冷却液测试仪、冷却液吸管、冷却液回收盆，以及举升机、干净抹布、压力检测仪、数值万用表等（图6-22）。

a）加注桶　　b）钳子　　c）螺丝刀一套　　d）L形内六角扳手　　e）冷却液测试仪　　f）冷却液吸管

图6-22　作业用工具

（2）材料：冷却液，其外包装如图6-23所示。

（3）设备：爱丽舍轿车。

（4）资料：《东风雪铁龙爱丽舍轿车维修手册》。

引导问题 8　作业前的准备工作有哪些?

（1）车辆进入工位前，将工位清理干净，准备好相关的器材。

（2）将车辆停在举升机中央位置。

（3）安装防护五件套。

（4）将变速杆置于空挡位置（图6-24），并拉紧驻车制动器操纵杆（图6-25）。

图6-23　冷却液　　　　图6-24　将变速杆置于空挡位置

（5）打开并可靠支撑发动机舱盖（图6-26）。

（6）安装翼子板布和前格栅布。

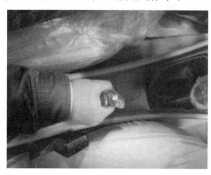

图6-25 拉紧驻车制动器操纵杆

图6-26 支撑发动机舱盖

引导问题9 怎样规范地检查冷却液高度和添加冷却液？

（1）查阅资料，找出爱丽舍轿车冷却液管路图（图6-27）。

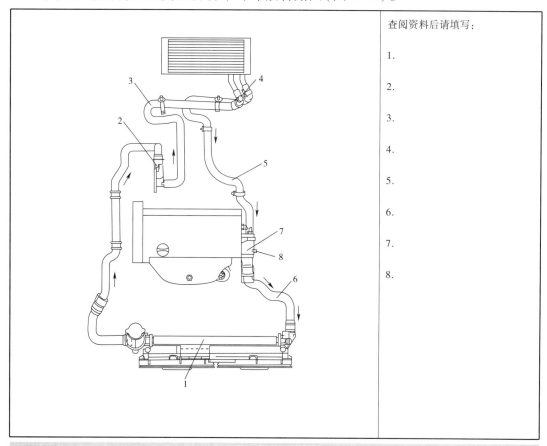

查阅资料后请填写：

1.

2.

3.

4.

5.

6.

7.

8.

图6-27 冷却液管路图

（2）在发动机停止工作 10min 后或水温显示低于 100℃后开始检查冷却液液面高度；检查冷却液膨胀罐或水箱中的冷却液液位是否在 MAX 与 MIN 标记之间（图 6-28）。

（3）如果液位低于 MIN 标记，应先排除泄漏。

（4）检查冷却系统的渗漏。

图 6-28 冷却液液位图

拆下散热器盖（图 6-29），将测试仪安装在加注口上，对冷却系统施加 120～180kPa 的压力（图 6-30），检查冷却液是否渗漏。加压时重点检查散热器水管、散热器、汽缸盖、汽缸体等部位，是否存在渗漏现象。

图 6-29 拆下散热器盖

图 6-30 冷却系统施加压力

（5）使用冷却液测试仪检测冷却液的浓度（图 6-31），如低于 -35℃则应更换（图 6-32）。

图 6-31 冷却液浓度测试

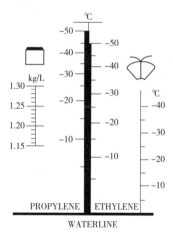

图 6-32 冷却液识别图

（6）排空。打开出水室上的排气螺栓（图 6-33），拧下散热器放水螺栓（图 6-34），让冷却液流出，在加注前用清水冲洗管路，装上放水螺栓，拧紧排气螺栓。

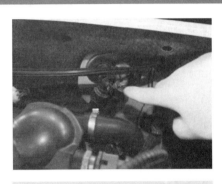 

图 6-33　放气螺栓　　　　　　　图 6-34　放水螺栓

(7) 加注与净化。

①将加注桶装在水箱加注孔上(图6-35),打开所有放气螺栓,使冷却液慢慢流入冷却管道。当排气口处冷却液流出无气泡时,拧紧所有放气螺栓。

冷却液应加注到"1L"的标记处,以便正确确认完成排气。

②起动发动机(图6-36),使发动机转速稳定在 1500～2000 r/min,直至二次冷却循环完成(冷却风扇开关两次)。

图 6-35　加注冷却液　　　　　　　图 6-36　起动发动机

③拆下加注桶(图6-37)。
④装上加注盖并拧紧至其第二止口处(图6-38)。
⑤清洁工具,整理工作场地。

引导问题 10　如何检查电动风扇和风扇控制器?

(1) 检查风扇皮带。

当以约98N的手指压力按压曲轴皮带轮与风扇皮带轮之间的中间部位时,挠曲度应为 9～13 mm，起动发动机；检查皮带有无噪声和打滑现象。

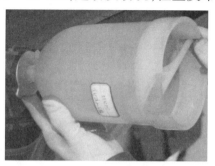
图 6-37 拆下加注桶

图 6-38 拧紧散热器盖

（2）查阅《东风雪铁龙爱丽舍轿车维修手册》，找出冷却系统的电路图。

（3）用万用表测量 8 脚搭铁是否良好，若有问题，排除搭铁故障。

（4）检查风扇电路。

打开点火开关，将钥匙置于 M 位，短接 15N1 脚与 15N8 脚两风扇应同时低速转；而短接 15N10 与 15N8 脚，两风扇应同时高速转。若此现象不出现，则风扇电路有故障，继续检查 813、814、815 继电器，720、721 两风扇电机及线路是否正常（以后的检查均建立在风扇电路正常的基础上）。

（5）检查水温传感器 910。

起动发动机，拔掉 4109T—C 与水温控制盒的连接，用万用表通过 4109T 的 7、14 脚可测出 910 在不同温度下的电阻，与维修手册中的参数表进行对照，判断水温传感器是否完好。

（6）打开点火开关，将钥匙置于 M 位，测量 15N10、15N1、15N4、15N15、15N11、15N6 脚电压，应均为 12V。若缺少某个信号，则应检查相关电路，并予以修复。

（7）检查水温控制盒。

在前几步的基础上，直接给 5 脚电信号，风扇应低速转，直接给 13 脚一电信号，风扇应高速转。再观察随水温的不同，水温控制盒对风扇的控制，包括低速、高速的触发及断开。打开点火开关，断开水温传感器的连接，在 15N7 与 15M4 间串入一可变电阻阻值调至 3250Ω，若 805 的 5N3 电压不为零，继电器 805 完好，则压力开关 775 的 4M1 脚上应无电压。若以上条件均为满足，则可断定水温控制盒完好。否则，只要有一项功能失效，即可断定水温控制盒失效。

引导问题 11 怎样规范地检查节温器？

（1）按照引导问题 8 中步骤（2）至步骤（6）的程序进行事前准备。

(2)按照引导问题9中步骤(3)至步骤(6)的程序排放冷却液。

(3)拆卸发电机。

(4)拆卸冷却液分水管(图6-39)。

(5)拆卸节温器(图6-40)。

图6-39 拆分水管

图6-40 拆节温器

(6)节温器的性能检查。

将节温器置于水中加热,用温度计检测水温(图6-41),当水温达到80~90℃时,阀门开始开启,水温达到95℃时,阀门全开达到最大升程(图6-42)。与维修手册中的数据进行比较,其中有一项不符合规定值,则应更换节温器。

图6-41 节温器开启温度的检查

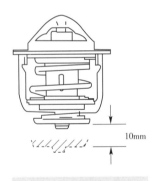
图6-42 节温器升程的检查

(7)安装节温器。

①将新垫片安装到节温器上,将节温器安装在进水口上(图6-43)。跳阀可设置在规定位置两侧10°范围内(图6-44)。

②安装进水管,注入发动机冷却液,起动发动机并检查冷却液有无泄漏。

引导问题12 **怎样规范地检查散热器?**

(1)散热器的清洁。

①冷车时,打开散热器的排放塞,排除冷却液,拆下散热器,并用清水冲洗或用压缩空气将外部尘埃吹干净。

图6-43 安装节温器

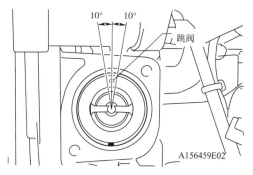

图6-44 安装位置

②将散热器置于含有苛性钠水容器内,加热并保证温度在80～90℃,将散热器浸煮30min后,取出散热器,用清水冲洗,将水加压(水压约为3～4倍的大气压力)从散热器的出水口导入,同时加入压缩空气,让水和压缩空气从散热器的进水口流出。

(2)散热器盖的检查方法。将散热器盖旋装在测试器上,用手推测试器,直至蒸汽阀打开为止。蒸汽阀应在压力0.026～0.037 MPa时打开,若压力低于0.026MPa时打开(图6-45),应更换散热器盖。

引导问题13 怎样规范地检查水泵?

(1)检查水泵渗漏。

水封失效时会有大量的冷却水从检视孔处流出。水泵壳体(图6-46)若有裂纹,也会发生渗漏。

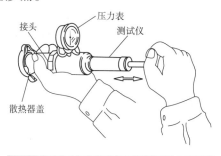

图6-45 密封性的检查

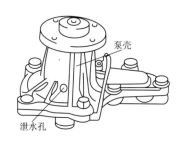

图6-46 水泵壳体

(2)检查带轮的转动和轴向、径向窜动量。

用手转动带轮,应运转灵活,无卡滞现象;否则,泵轴可能弯曲或轴承浸水锈蚀。

学习任务六　发动机水温过高的检修

三、评价与反馈

（1）对本学习任务进行评价并填写评价表（表6-3）。

评价表　　　　　　　　　　　　表6-3

考核项目	评分标准	分　数	学生自评	小组互评	教师评价	小　计
团队合作	是否和谐	5				
活动参与	是否主动	5				
安全生产	有无安全隐患	10				
现场5S	是否做到	10				
任务方案	是否合理	15				
操作过程	1.检查冷却液面； 2.检查电动风扇； 3.检查节温器； 4.检查散热器； 5.检查水泵	30				
任务完成情况	是否圆满完成	5				
操作过程	是否标准规范	10				
劳动纪律	是否严格遵守	5				
工单填写	是否完整、规范	5				
	总分	100				
教师签名				得分		

（2）在实施的过程中，是否存在一些安全隐患？请找出容易忽视地方。

（3）口述本次故障诊断的流程。

四、学习拓展

(1) 查阅资料,进一步了解更换冷却液和加注冷却液时怎样进行双人作业配合。

(2) 查阅资料,说明卡罗拉轿车和桑塔纳轿车冷却液管路图有哪些不同。

(3) 查阅资料,总结发动机水温过低的诊断流程。

学习任务七

机油压力警告灯点亮的检修

学习目标

完成本学习任务后,你应当能:
1. 叙述发动机润滑系统的组成、作用和工作原理;
2. 明确机油的分类、选用及环保、安全措施;
3. 正确地使用工具和设备;
4. 规范地检查机油液面高度和添加机油;
5. 与同学密切合作,安全地更换机油及机油滤清器。

建议完成本学习任务的时间为 **16** 课时。

学习任务描述

一辆新爱丽舍1.6L轿车的车主反映其发动机正常温度和转速时,机油压力警告灯点亮,需要你对润滑系统进行检测,确定故障部位并进行修理。

学习内容

汽车发动机机械维修

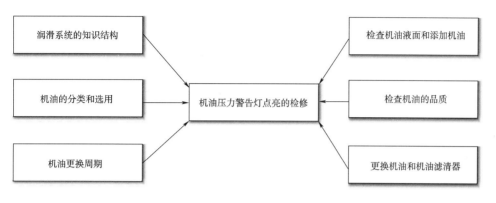

一、资 料 收 集

引导问题1 润滑系统的作用和组成是什么？

发动机润滑系统的作用是将机油（发动机的润滑油）不断地输送到发动机各零件的摩擦表面，减少零件间的摩擦和磨损，此外润滑系统还有辅助密封、冷却、清洁、缓冲及减振等功能。

润滑系统主要由油底壳、集滤器、机油泵、油道、机油滤清器、机油压力开关、机油压力警告灯（在仪表板上）等组成（图7-1）。

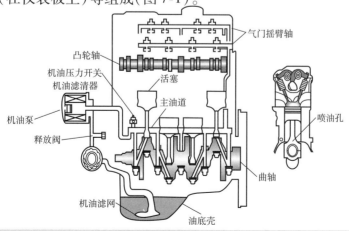

图7-1 润滑系统的组成

学习任务七　机油压力警告灯点亮的检修

引导问题 2　润滑系统的润滑方式有哪些？

发动机工作时，由于各运动零件的工作条件不同，因而要求的润滑强度和方式也不同。零件表面的润滑，按其供油方式可分为压力润滑、飞溅润滑和定期润滑。现代汽车发动机都采用复合式润滑方式。

1 压力润滑

压力润滑是指对于负荷大、相对运动速度高（如主轴承、连杆轴承、凸轮轴轴承等）的零件，以一定压力将机油输送到摩擦面间隙中进行润滑的方式。

2 飞溅润滑

飞溅润滑是指对于外露、负荷较轻、相对运动速度较小（如活塞销、汽缸壁、凸轮表面和挺杆等）的工作表面依靠运动零件飞溅起来的油滴或油雾进行润滑的方式。

3 定期润滑

定期润滑是指对于水泵、发电机、起动机的轴承定期加润滑脂的润滑方式。

引导问题 3　润滑系统的机油在发动机中是如何工作的？

如图 7-2 所示，机油泵由发动机驱动，将油底壳内的机油经机油冷却器、机油滤清器输送到各润滑部位，润滑结束后的机油流回到油底壳中。机油经过汽缸体、汽缸盖上的油道，输送到曲轴轴颈、连杆轴颈、凸轮轴轴颈，使轴浮在轴承（轴瓦）上旋转。旋转的曲轴曲柄飞溅起来的机油，在汽缸壁等金属表面形成油膜，使摩擦减小。

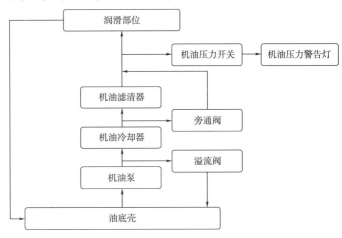

图 7-2　机油流动线路图

旁通阀的作用是保证在机油滤清器堵塞时,使机油直接流向各个润滑部位。溢流阀用来调节最高机油压力,当系统压力过大时,溢流阀打开时部分机油流回油底壳。

引导问题 4 润滑系统的主要部件有哪些？主要作用是什么？

1 机油泵

机油泵一般安装在汽缸体的下部,由发动机曲轴直接驱动,将机油输送到发动机各运动部件接触面。其作用是保证润滑油在润滑系内循环流动,并使发动机任何转速下都能以足够高的压力向润滑部位输送足够数量的润滑油。机油泵常见的结构形式有三种：

1 外啮合齿轮式机油泵

该类机油泵有两个互相啮合的齿轮高速旋转,机油通过进油口被压入到出油口。齿轮式机油泵由泵体、泵盖、主动齿轮、从动齿轮及释放阀等组成,泵体装在曲轴皮带轮侧(图 7-3)。

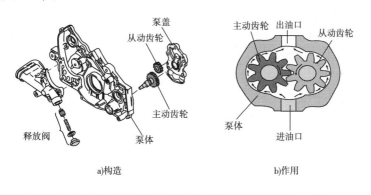

图 7-3 外啮合齿轮式机油泵

2 内啮合齿轮式机油泵

该类机油泵的内齿轮套在曲轴前端,为主动齿轮,机油通过月牙形隔板左、右的间隙进行输送。由于这种机油泵内、外齿轮之间有多余空间,因此工作效率较低(图 7-4)。凯越 L91 或 L79 发动机的机油泵就是内啮合齿轮式。

3 转子式机油泵

该类机油泵的内转子为主动转子,内、外转子之间有一定的偏心距。内转子的凸齿比外转子的凹齿少 1 个,旋转时两转子之间的工作腔容积不断变化,机油经进

学习任务七 机油压力警告灯点亮的检修

油口被吸入,油压升高后经出油口被压出(图7-5)。这种机油泵供油压力高、噪声比较小。丰田5A或8A发动机、桑塔纳AJR发动机的机油泵均采用转子式。

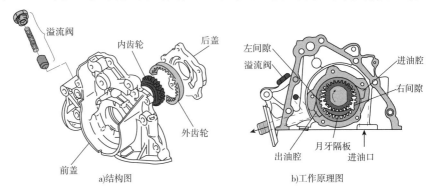

图7-4 内啮合齿轮式机油泵

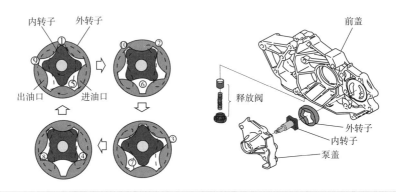

图7-5 转子式机油泵

2 机油滤清器

机油滤清器的功用是滤除机油中的金属粉末、机油氧化物和燃烧物。为了防止滤清器堵塞失效,必须对其定期更换,一般情况下在更换机油的同时也更换机油滤清器。当滤清器没有及时更换或其他原因造成滤芯堵塞时,油压升高使旁通阀开启,机油就会不通过滤芯而直接进入汽缸体油道。由于机油本身黏度大,机油中杂质含量较高,为了提高滤清效率,机油滤清器一般设有三级,分别为机油集滤器、机油粗滤器和机油细滤器,它们分别串联和并联在主油道中。

① 集滤器

集滤器的功用是防止较大的机械杂质进入机油泵。它装在机油泵之前(图7-6)。

② 粗滤器

粗滤器的功用是过滤润滑油中颗粒较大(直径为0.04mm以上)的杂质。串联于机油泵与主油道之间,属于全流式滤清器,因其对润滑油的流动阻力较小。

粗滤器一般由壳体、纸质滤芯、旁通阀、进油口和出油口等组成(图7-7)。滤芯由经过树脂处理的多孔滤纸折叠而成。滤芯的两端由环形密封圈密封,滤芯内设有金属网或使用带有网眼的薄铁皮作为滤芯的骨架。

图7-6 集滤器

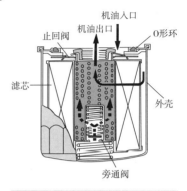

图7-7 粗滤器

3 细滤器

细滤器与主油道并联,属于分流式滤清器,过油量为10%～30%,可滤除粒度细小的杂质。由于细滤器的流动阻力大,一般只在货车上使用。

3 机油压力警告灯

发动机机油压力警告灯(图7-8)用于指示发动机工作时润滑系中机油压力的大小。机油压力警告灯主要由油压表、油压传感器和导线组成。油压传感器安装在润滑系统的油道上,将发动机工作时的机油压力传递给机油压力警告灯。机油压力警告灯安装在驾驶室仪表内,当系统中的机油压力低于规定值时,仪表板上的机油压力警告灯就会点亮,向驾驶员报警。常见车型的机油压力见表7-1。

图7-8 发动机机油压力警告灯

常见车型的机油压力　　　　　表7-1

发动机型号	条　件	机油压力(kPa)
丰田5A 或 8A	急速	49
	转速3000r/min	294～539
凯越 L91 或 L79	急速,冷却水温度80℃	不小于30
桑塔纳 AJR	急速,机油温度80℃	200

学习任务七 机油压力警告灯点亮的检修

引导问题 5 机油是如何分类和选用的？

机油除了最基本的润滑作用外,还具有冷却、清洗、密封和防锈等功能。机油的分类,国际上广泛采用 SAE(美国工程师学会)黏度分类法和 API(美国石油学会)使用性能分类法。

目前,我国汽油发动机使用的机油按(API)质量分级法分为 SC、SD、SE、SF、SG、SH 和 SL 七个质量等级,柴油机发动机使用的机油分为 CC、CD、CD-Ⅱ、CE 和 CF-4 五个质量等级,等级越高,油品品质越好,如图 7-9 所示。汽油机机油中 SD 级以上的机油是国产高级车用机油,SL 等级最高。汽油机机油和柴油机机油原则上不能相互代用,特别是汽油机机油不能用于柴油机。但是,标有 SE/CC 字样的机油,则为汽、柴油机两用机油,其标号的含义是指该机油用于汽油机时符合 SE 质量等级,用于柴油机时符合 CC 质量等级。

前我国发动机使用的机油按 SAE 黏度分类法有 0W、5W、10W、15W、20W、25W 和 10、20、30、40、50、60 等级别,标号越大,黏度指标就越高。带有"W"字样的机油是指冬用机油,无"W"字样的机油是指夏用机油,标有 15W/40 字样的机油是冬、夏通用机油,国外称为复合油,国内则称为多级机油,如图 7-10 所示。

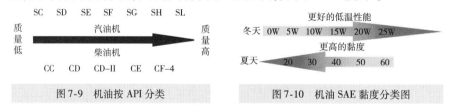

图 7-9 机油按 API 分类　　　　图 7-10 机油 SAE 黏度分类图

机油对于发动机能否正常工作十分重要,选用和更换的正确与否直接影响到发动机的使用寿命。根据发动机种类不同、新旧程度不同、使用条件不同,所选用的机油牌号也不同。作为汽车专业维护人员,必须综合考虑机油的黏度等级和质量等级这两大选用依据,掌握好换油时机和选好换油品牌,其选用标准见表 7-2～表 7-4。

汽油机机油质量等级选用参考表　　　　表 7-2

汽油机机油质量等级	性　能	应 用 车 型
SC	可控制高低温沉积物及磨损、锈蚀和腐蚀	用于国产货车、客车,如以 492QG 为动力的各类汽车
SD	控制高低温沉积物、磨损、锈蚀和腐蚀,性能优于 SC	用于货车、客车和某些轿车,如解放 CA1091、东风 EQ1091 等车型

续上表

汽油机机油质量等级	性　能	应用车型
SE	具有抗氧化性能及可控制高温沉积物、锈蚀和腐蚀的性能	用于轿车和某些货车,如夏利、大发、昌河、长安等车型
SF	抗氧化和抗磨损性能优于 SE,还具有控制沉积物、锈蚀和腐蚀的性能	用于轿车和某些货车,如一汽奥迪、捷达、红旗、CA6440 轻客、桑塔纳、切诺基、标致、雪铁龙等车型
SG、SH、SL	具有可控制沉积物、磨损和油的氧化性能,并具有抗锈蚀和腐蚀的性能	用于高档轿车和新型电喷车,例如红旗7220 等车型

柴油机机油质量等级选用参考表　　　　　表 7-3

柴油机机油质量等级	发动机平均有效压力(kPa)	发动机的强化系数	机油硫的质量分数(%)	应用机型
CC	784－980	35－50	<0.4	玉柴、扬柴、朝柴 4102、4105、6102、锡柴、大柴 6110、日野 ZM400、五十铃 4BD1、4BG1 等
CD	980－1470	50－80		康明斯、斯太尔、依维柯、索菲姆等增压柴油机
CE	>1470	>80	<0.4	用于在低速高负荷和高速高负荷条件下运行的低增压和增压式重负荷柴油机
CF－4	—	—		用于高速四冲程柴油机,特别适用高速公路行驶的重负荷载货车

黏度等级与使用环境温度范围的参考值　　　　　表 7-4

黏度等级	使用温度(℃)	黏度等级	使用温度(℃)
5W	－30～－10	5W/30	－30～30
10W	－25～－5	10W/30	－25～30
20	－10～30	10W/40	－25～40
30	0～30	15W/40	－20～40
40	10～50	20W/40	－15～40

学习任务七 机油压力警告灯点亮的检修

引导问题 6 常见车型机油更换的周期是多长?

机油在使用过程中,由于高温氧化及燃烧物混入等原因影响,将劣化变质,润滑性能下降。因此,机油应适时更换,机油滤清器也同时更换。机油更换周期,因车型和行驶环境而不同(表7-5)。如果汽车经常频繁起步、短距离行驶或在多尘地区使用,机油的更换周期应相应缩短。

常见发动机的机油更换周期　　　　　　表7-5

发动机型号	机油的更换周期	
	行驶里程(km)	月数
爱丽舍	10000/15000	每年至少更换一次机油
丰田5A	5000	3
凯越1.79	10000	6
桑塔纳ALJ	7500	每年至少更换一次机油

引导问题 7 曲轴箱强制通风系统是怎样工作的?

发动机工作时,高压的可燃混合气或废气会窜入曲轴箱内,使机油中形成泡沫,破坏机油的供给,也可能导致机油变质、泄漏等不良后果。

如图7-11所示,曲轴箱强制通风就是利用发动机进气管道的真空度作用,使窜入曲轴箱内气体被吸汽缸。发动机工作时,在进气管内真空度作用下,窜入曲轴箱内的气体经钢丝网、曲轴箱通气软管和PCV阀(单向阀)被吸入进气歧管并进入汽缸燃烧。新鲜空气经滤网和空气软管进入曲轴箱内,形成不断的对流。在曲轴箱通气软管上装有PCV阀是为了防止在发动机低速小负荷时进气管的真空度太大而将机油从曲轴箱内吸出。

引导问题 8 对机油的环境保护和安全措施有哪些?

1 环境保护

(1)由于机油对水会形成污染,所以不允许将排入地表水域和下水道,作业时只能在防渗的地表上。

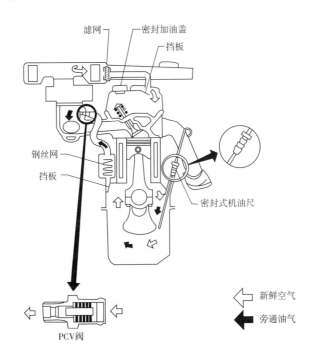

图 7-11 曲轴箱通风装置

(2) 机油是易燃品,存放和作业必须远离火源。

(3) 废弃的机油要单独盛装,并妥善保管和回收利用。

(4) 沾上机油的抹布或物品,不得作为生活垃圾处理。

2 安全措施

(1) 机油对人体皮肤有损害,作业时应戴上防护手套和防护服。

(2) 沾上机油的衣服或鞋子,必须立即更换。

(3) 皮肤上洒上机油,立即用水和肥皂清洗,勿用汽油或溶剂作为清洁品。

(4) 眼睛接触到机油后必须用水认真冲洗,并尽快去医院治疗。

引导问题 9 机油压力警告灯点亮的检测工艺流程是怎样的?

机油压力警告灯点亮,说明润滑系统的机油压力低于规定值,应按照规定的检测工艺流程(图 7-12)进行故障分析。

学习任务七　机油压力警告灯点亮的检修

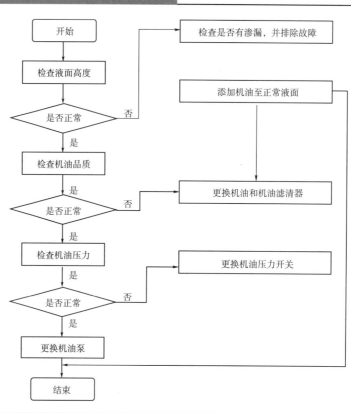

图7-12　机油压力警告灯点亮的检测流程

二、实 施 作 业

引导问题 10　作业时需要哪些工具、材料和设备？

（1）工具：150件套组合工具、集油车、机油压力检测表、测力器、游标卡尺和干净抹布，如图7-13所示。

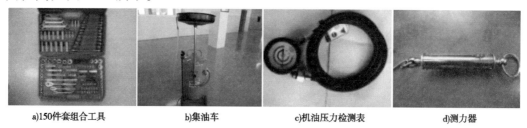

a) 150件套组合工具　　b) 集油车　　c) 机油压力检测表　　d) 测力器

图7-13　作业用工具

(2)材料:机油,外包装如图 7-14 所示。
(3)资料:《东风雪铁龙爱丽舍轿车维修手册》。

引导问题 11 作业前的准备有哪些?

(1)汽车进入工位前,将工位清理干净,准备好相关的器材。
(2)将汽车停在举升机中央位置。
(3)安装防护五件套。
(4)将变速杆置于空挡位置,并拉紧驻车制动器操纵杆。
(5)打开并可靠支撑发动机舱盖。
(6)安装翼子板布和前格栅布。

引导问题 12 怎样检查机油的品质?

机油品质常用的检查方法是,将机油滴在纸巾上观察(图 7-15)。如果油滴整体混有沉淀物并呈深黑色,说明机油变质,应更换机油和机油滤清器;如果油滴中心有沉淀物,但周围扩散的机油呈透明状,则机油可以继续使用。

图 7-14 机油

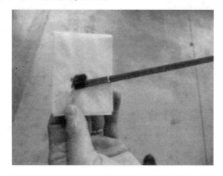
图 7-15 机油品质的检测

引导问题 13 怎样规范地检查机油液面高度和添加机油?

(1)起动发动机(图 7-16)并怠速运转 3~5min(冷却水温度达到 60~70℃),停止发动机运转 2~3min。
(2)拔出机油尺(图 7-17)用抹布擦拭后(图 7-18),重新将机油尺完全插入。
(3)再次拔出机油尺(图 7-19)观察。如果机油处于上限(MAX 或 F 标记)、下限(MIN 或 L 标记)之间,说明不缺少机油;如果机油在下限左右,应添加机油接近上限。

图 7-16　起动发动机

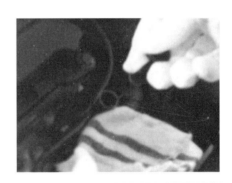
图 7-17　拔出机油尺

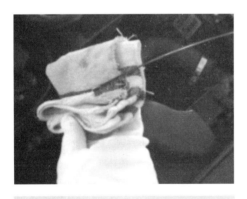
图 7-18　用抹布拭擦机油尺

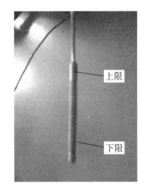
图 7-19　机油尺

(4)用棉纱擦净机油加注口盖周围(图 7-20),旋下加注口盖(图 7-21),加注机油(图 7-22)。擦净机油尺后重新将其插入到位,再次拔出机油尺,机油液面高度应位于机油尺上、下限之间。边检查液面高度,边加注机油,但不允许液面高于机油尺上限。

图 7-20　棉纱拭擦加注口

图 7-21　拧开机油盖

(5)按照步骤(1)和步骤(2)的程序检查机油液面高度,液面偏上限为正常,偏下限应添加适量机油,高于上限就放出适量机油。

(6)清洁场地。

引导问题 14 怎样检查机油是否有渗漏?

机油渗漏常用目视法检查,具体操作步骤为:

(1)检查机油液面高度,必要时进行添加,保证液面在正常位置。

(2)操纵举升机(图 7-23),将汽车升到适当高度。

图 7-22 加注机油

图 7-23 操纵举升机

(3)确认汽车可靠固定在提升臂上后,方可进入车下作业(图 7-24、图 7-25)。注意:汽车举升前,卸下承载物;汽车举升时,车内不得有乘员,并关闭好车门;汽车举升中,严禁车下站人或穿越,不得晃动车辆。

图 7-24 举升机首次确认

图 7-25 确认举升的汽车可靠固定

(4)检查曲轴前、后油封和放油螺栓、油底壳衬垫等处是否有机油渗漏现象,油底壳是否存在变形现象(图 7-26),如果光线不良可以使用手电筒照明。

(5)操纵举升机,将汽车平稳降至地面。

(6)起动发动机并怠速运转几分钟,待冷却水温度达到60~70℃后熄火。在油底壳下面铺上浅色的纸,观察几分钟。如果有渗漏,根据油滴在纸上的位置,就可以找到泄漏的部位,并做相应的处理。

引导问题15 怎样规范地更换机油滤清器?

(1)做好汽车防护工作。

(2)从工具车上拿出27mm套筒装在长接杆上,并与扭力杆连接(图7-27)。

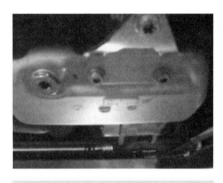

图7-26 发动机油底壳

图7-27 安装连杆和套筒

(3)将套筒套在机油滤清器盖上,拧松滤清器保护盖(图7-28)。

(4)用手慢慢拧下机油滤清器盖(图7-29),拆下机油滤芯和密封圈(图7-30),同时将残余机油倒入废油回收盘。

图7-28 拧松机油滤清器盖

图7-29 拧下机油滤清器盖

(5)更换机油滤芯和密封圈(图7-31)。

(6)使用双手将机油滤清器盖装到发动机上(图7-32)。

(7)用扭力扳手紧固机油滤清器盖,机油滤清器盖力矩25N·m(图7-33)。

(8)清洁场地。

图7-30 拆卸机油滤芯

图7-31 更换机油滤芯

图7-32 安装机油滤清器盖

图7-33 拧紧机油滤清器盖

引导问题16 怎样规范地检测机油压力？

检查发动机机油液位；在机油液面高度正常情况下，起动发动机；当发动机温度达到90℃后检查油压。拆下发动机机油压力传感器（图7-34），接上压力表和接头，测量机油压力（图7-35），正常值可参考表7-1。拆下压力表和软管，安装带有新密封圈的机油压力传感器，拧紧力矩为30N·m和插头。

图7-34 拆下机油压力传感器

图7-35 检测机油压力

学习任务七　机油压力警告灯点亮的检修

引导问题 17　怎样规范地拆装机油泵？

（1）断开蓄电池负极电缆，拆下正时皮带，断开机油压力开关和插头。

（2）起动发动机并怠速运转至正常温度（冷却水温度达到 60～70℃），关闭点火开关，使发动机停止运转。

（3）操纵举升机将汽车升至适当的高度。

（4）将机油回收盆放在油底壳放油螺塞的正下方，用 17 号套筒拆下油底壳挡泥板（图7-36）；再用 19mm 梅花扳手拧松放油螺塞，然后用手缓缓旋出放油螺塞（图 7-37），让废机油流入回收盆。注意：不要让机油溅出回收盆，并小心被烫伤。

图 7-36　拆卸挡泥板

图 7-37　拆下放油螺栓

（5）从排气管上拧下催化转换器固定螺母，拆卸下横梁托架。分别拧下油底壳（图 7-38）与变速驱动桥、汽缸体的固定螺栓，拆下油底壳（图 7-39），并清理油底壳和汽缸体的接合表面。

图 7-38　拆下油底壳固定螺栓

图 7-39　拆下油底壳

（6）拧下集滤器及支架螺栓，拆下集滤器（图 7-40）。

（7）拧下机油泵固定螺栓，拆下机油泵（图 7-41、图 7-42）。

图7-40 拆下机油滤清器

图7-41 拆下机油泵

（8）在机油泵螺栓上涂上LOCTITE 242快干胶，并在新的机油泵衬垫上涂上室温硫化（RTV）密封剂。

（9）将衬垫安装到机油泵上，再用螺栓将机油泵固定在汽缸体上，螺栓规定拧紧力矩为10N·m（图7-43）。在新的曲轴油封唇口上涂上润滑脂，然后安装到油泵壳内。

图7-42 机油泵

图7-43 固定机油泵

（10）在集滤器及支架螺栓上涂上LOCTITE 242快干胶，并安装集滤器及支架（图7-44）。螺栓的规定拧紧力矩为10N·m。

（11）在新的油底壳衬垫上涂上室温硫化（RTV）密封剂，5min后将衬垫安放在油底壳接合表面上。举起油底壳，将其与汽缸体（螺栓的规定拧紧力矩为10N·m）、变速驱动桥（螺栓的规定拧紧力矩为31N·m）固定（图7-45）。

图7-44 集滤器的安装

（12）将催化转换器固定螺母安装在排气管上（螺栓的规定拧紧力矩为40N·m），安装下横梁托架。连接机油压力开关插头，安装正时带后罩及正时带,连接蓄电池负极电缆。

(13)检查放油螺塞垫片是否损坏,如有断裂应进行更换。用棉纱擦净放油螺塞上吸附的金属屑。先用手拧入放油螺塞,然后用梅花扳手将放油螺塞拧至规定力矩35N·m(图7-46)。

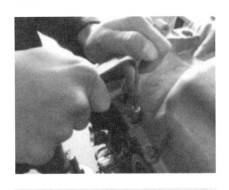 

图7-45　固定油底壳　　　　　　图7-46　安装放油螺栓

(14)操纵举升机,将汽车平稳降至地面(图7-47)。

(15)用棉纱擦净机油加注口盖周围,旋下加注口盖,利用漏斗加注机油。

(16)起动发动机并怠速运转3~5min(冷却水温度达到60~70℃),停止发动机运转2~3min,检查机油液面(图7-48)。

图7-47　使汽车平稳落地　　　　　图7-48　检查机油液面高度

(17)处理好废机油,拆下磁力护裙,关闭发动机舱盖,清理器材,清洁地面卫生。

三、评价与反馈

(1)对本学习任务进行评价并填写评价表(表7-6)。

评 价 表　　　　　　　表7-6

考核项目	评分标准	分数	学生自评	小组互评	教师评价	小　计
团队合作	是否和谐	5				
活动参与	是否主动	5				
安全生产	有无安全隐患	10				
现场5S	是否做到	10				
任务方案	是否合理	15				
操作过程	1. 操作举升机； 2. 检查机油渗漏； 3. 检查机油压力； 4. 更换机油泵	30				
任务完成情况	是否圆满完成	5				
操作过程	是否标准规范	10				
劳动纪律	是否严格遵守	5				
工单填写	是否完整、规范	5				
	总分	100				
教师签名				得分		

（2）在实施作业时每一个安全事项都注意到了吗？如没有，找出忽略的地方和原因。

（3）能否向车主解释故障诊断及排除的过程？如不能，分析原因并提出改进措施。

四、学 习 拓 展

(1)查阅资料,进一步了解更换机油滤清器时怎样进行双人作业配合。

(2)查阅资料,说明东风雪铁龙爱丽舍轿车与卡罗拉轿车机油泵的拆装方法有哪些不同。

(3)查阅资料,说明卡罗拉汽车的机油泵的拆装方法。

汽车发动机机械维修

学习任务八

空气滤清器的清洁和更换

学习目标

完成本学习任务后,你应该能:
1. 叙述发动机进气系统的组成和作用;
2. 明确空气滤清器的作用和结构特点;
3. 正确地使用工具和设备;
4. 与同学协作,规范地清洁及更换空气滤清器。

  建议完成本学习任务的时间为 8 课时。

  学习任务描述

一辆新爱丽舍1.6L轿车,行驶15000km,车主要求对整车进行维护。需要你按照"保养工艺要求"对空气滤清器进行清洁和更换。

学习任务八　空气滤清器的清洁和更换

 学习内容

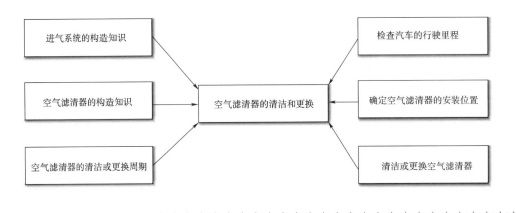

一、资料收集

引导问题1　进气系统的作用及组成是什么？

进气系统的作用是为发动机提供清洁、干燥、充足的空气,并均匀地供给各缸。

进气系统主要是由进气导流管、空气滤清器、进气总管、节气门体和进气歧管等组成。传统的化油器式发动机还装有化油器、节气门体、喷油器和进气预热装置。而现在发动机广泛使用电喷技术,在电喷发动机的进气系统中还装有空气计量装置;如果采用谐振进气系统的还装有谐振室。如图8-1所示为一般发动机进气系统结构图。

引导问题2　空气滤清器的主要作用是什么？结构如何？

空气中含有尘土、砂粒等物质,如被吸入就会黏附在汽缸、活塞和气门座等零件的表面,会加速磨损,使发动机寿命下降。而空气中的水分一旦被吸入燃烧室,则会使混合气无法正常燃烧,从而影响发动机正常工作。因此必须安装空气滤清器把空气中的杂质和水分滤掉,保证供给汽缸足够量的洁净空气。此外,优质的空气滤清器还能够降低发动机吸入气体时的噪声,节省燃料。

空气滤清器一般由外壳、盖、滤芯及密封圈等组成(图8-2)。其形式多样,但其

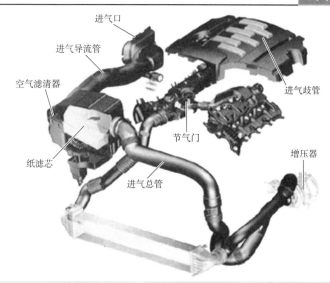

图 8-1 进气系统结构图

分离空气和灰尘的方法只有两种:一种是利用滤芯将灰尘过滤分离;另外一种是利用灰尘的惯性力或离心力比空气分子大的特点将其分离。此外,按照是否用机油又可分为干式和湿式两种。

引导问题 3 发动机对空气滤清器有何要求?

空气滤清器的使用要求是滤清效果好、进气阻力小,使用时间长、价格低廉。现在广泛使用的是纸滤芯空气滤清器;在多尘条件下工作的车辆,常使用油浴式空气滤清器(图 8-3);而大型工矿用车,多使用离心式与纸滤芯式相结合的双级复合式空气滤清器。

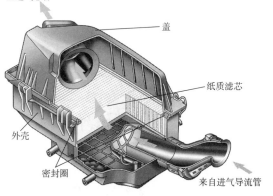

图 8-2 常见纸滤芯空气滤清器

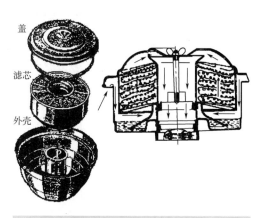

图 8-3 油浴式空气滤清器

学习任务八 空气滤清器的清洁和更换

引导问题 4 常见车型空气滤清器的清洁或更换周期是多长?

空气滤清器在使用过程中,由于空气中含有灰尘、砂粒等杂质,会使滤芯过脏而堵塞。将导致发动机动力不足,冒黑烟,行驶无力,油耗上升,严重时将无法起动。因此,应按时定期维护,更换滤芯或清洗(分滤芯材质不同)。

空气滤清器的清洁或更换周期,因车型和行驶条件而不同(表8-1)。如果在环境恶劣道路上(灰尘多的道路)行驶,应适当缩短空气滤清器的清洁或更换周期。

常见车型空气滤清器的清洁或更换周期　　　　　　表8-1

车　型	清洁周期		更换周期	
	行驶里程(km)	月数	行驶里程(km)	月数
新爱丽舍(TU5JP4)	15000	12	30000	24
大众波罗(EA111)	5000	3	15000	12
本田雅阁(2.4i-VTEC)	5000	3	20000	12

引导问题 5 节气门体的作用是什么?结构如何?

节气门体是安装调节控制吸入发动机的空气的节气门部件,节气门体主要由节气门、节气门位置传感器、节气门定位电位计、节气门定位器(电动机)、节气门电位片和怠速开关等组成(图8-4)。

引导问题 6 进气导流管及进气歧管的作用是什么?

在大型载货车、自卸车或矿山车使用的空气滤清器进气口前常装有很长的进气导流管,管口伸至高处,以便吸取车外密度大、含尘少的空气。而轿车上的进气导流管与进气歧管及一定容积的谐振室组成进气谐振增压系统(图8-5)。

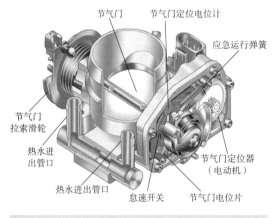

图8-4 节气门体

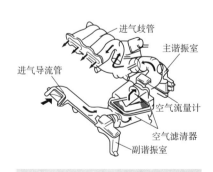

图8-5 谐振进气系统

进气歧管的作用是将进气总管的空气均匀地分配到各汽缸对应的进气道。通常由铝合金或工程塑料铸造而成,如图8-6a)和图8-6b)所示,用螺栓固装在汽缸盖的侧面。

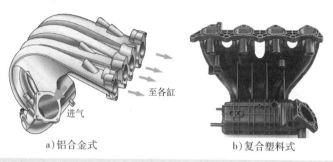

图8-6 进气歧管

引导问题7 进气增压的作用是什么?有哪些常见增压方式?

进气增压是将空气预先压缩后再供入汽缸,使进气量增加的技术。进气增压能提高空气密度,增加发动机功率,提高效率,降低排放。

现在常用的增压方式有机械增压、涡轮增压等,如图8-7a)、图8-7b)所示。

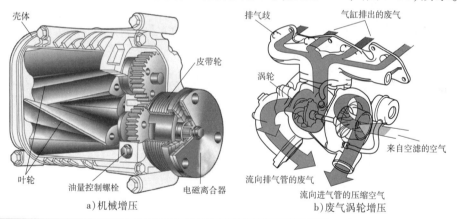

图8-7 进气增压示意图

二、实 施 作 业

引导问题8 作业时需要哪些工具、材料和设备?

(1)钳子、螺丝刀和高压除尘枪,如图8-8所示。
(2)防护五件套:磁力护裙、转向盘护套、变速杆手柄套、脚垫和座位套。

学习任务八　空气滤清器的清洁和更换

（3）举升机和爱丽舍轿车。

（4）材料：新的空气滤清器芯（图8-9）。

图8-8　钳子和螺丝刀　　　　　　　图8-9　新的空滤芯

（5）资料：《东风雪铁龙轿车保养手册》。

引导问题9　作业前的准备有哪些？

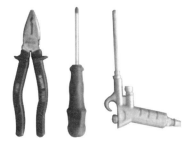

图8-10　相关工具的准备

（1）汽车进入工位前，将工位清理干净，准备好相关的工具（图8-10）。

（2）将汽车停在举升机中央位置。

（3）安装防护五件套。

（4）将变速杆置于空挡位置，并拉紧驻车制动器操纵杆。

（5）打开并可靠支撑发动机舱盖。

引导问题10　怎样规范地清洁或更换空气滤清器？

（1）确定空气滤清器的位置。新爱丽舍轿车的空气滤清器在发动机右侧位置（图8-11）。

（2）用螺丝刀将空滤器周边6个固定螺钉拧开取下（图8-12）。

图8-11　空气滤清器位置　　　　　　图8-12　拆下空滤器固定螺钉

(3)拔出节气门软管(图8-13)。

(4)拧松进气管卡箍(图8-14),拔下发动机进气管(图8-15)。

图8-13　拔出节气门软管

图8-14　拧松进气管卡箍

(5)取下空气滤清器上盖(图8-16),取出空气滤清器的滤芯(图8-17)。

图8-15　拔下发动机进气管

图8-16　取下空滤器上盖

(6)用高压风枪吹静空气滤清器滤芯(图8-18)。

图8-17　拿出纸质滤芯

图8-18　吹静滤芯

学习任务八 空气滤清器的清洁和更换

应从滤芯背面向正面吹。如果更换空气滤清器滤芯则不需清洁,直接进入步骤(7)。

(7)用拧干的湿布或者高压风枪清洁空气滤清器壳体内壁(图8-19)。

(8)安装清洁过的(或新的)空气滤清器滤芯(图8-20)。

图8-19 清洁空气滤清器壳体内壁

图8-20 安装滤芯

滤芯的正反,安装要到位。

(9)安装空气滤清器上盖(图8-21),并拧紧空滤器固定螺钉(图8-22)。

图8-21 安装空气滤清器上盖

图8-22 拧紧空滤器固定螺钉

(10)连接进气管(图8-23),并拧紧节气门软管卡箍(图8-24)。

图 8-23 连接进气管

图 8-24 拧紧进气管卡箍

（11）连接节气门软管（图 8-25）。

（12）起动发动机，检查运行情况（图 8-26）。

图 8-25 连接节气门软管

图 8-26 检查运行情况

三、评价与反馈

（1）对本学习任务进行评价并填写评价表（表 8-2）。

评 价 表 表 8-2

考核项目	评分标准	分 数	学生自评	小组互评	教师评价	小 计
团队合作	是否和谐	5				
活动参与	是否主动	5				
安全生产	有无安全隐患	10				
现场 5S	是否做到	10				
任务方案	是否合理	15				

学习任务八　空气滤清器的清洁和更换

续上表

考核项目	评分标准	分　数	学生自评	小组互评	教师评价	小　计
操作过程	1.举升机的正确使用； 2.高压气枪的正确使用； 3.清洁和更换空气滤清器	30				
任务完成情况	是否圆满完成	5				
操作过程	是否标准规范	10				
劳动纪律	是否严格遵守	5				
工单填写	是否完整、规范	5				
总分		100				
教师签名				得分		

（2）在实施的过程中，是否存在一些安全隐患？请找出容易忽视地方。

（3）口述纸质式空气滤清器的更换过程。

四、学习拓展

（1）查阅资料，进一步了解其他类型空气滤清器的清洁和更换方法。

（2）查阅资料，说明现在广泛使用的涡轮增压技术的基本工作原理。

（3）查阅资料，总结空气滤清器过脏会使汽车产生哪些故障。

学习任务九

燃油滤清器的清洁和更换

学习目标

完成本学习任务后,你应该能:
1. 叙述发动机燃油供给系统的组成和作用和工作原理;
2. 明确汽油的性能指标、选用及环保、安全措施;
3. 正确地使用工具和设备;
4. 与同学协作,规范地更换燃油滤清器。

建议完成本学习任务的时间为 **8 课时**。

学习任务描述

一辆新爱丽舍1.6L轿车,行驶 31000km,车主要求对整车进行维护。需要你按照"保养工艺要求"对燃油滤清器进行更换。

学习任务九　燃油滤清器的清洁和更换

 学习内容

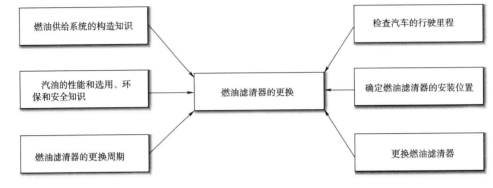

一、资料收集

引导问题1 燃油供给系统的作用及组成是什么？

燃油供给系统的功用是根据发动机工况，向发动机供给一定量的清洁、雾化良好的燃油，以便与相应量的空气混合形成可燃混合气。同时，燃油系统还需要储存相当数量的燃油，以保证汽车有相当远的续驶里程。

燃油供给系统主要是由燃油箱、燃油泵、燃油滤清器、油压脉动阻尼器、油压调节器和喷油器等组成，如图9-1所示。

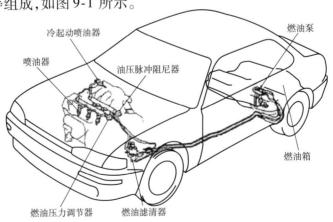

图9-1　燃油供给系统

汽车发动机机械维修

引导问题2　燃油供给系统是如何工作的？

燃油从燃油箱中被燃油泵吸出，先由燃油滤清器滤除杂质后，再通过输油管送到各个喷油器。喷油器根据ECU发出的指令，将计量后的燃油喷入各进气歧管或进气道内，并与进入发动机内的空气进行混合，形成可燃混合气。整个过程如图9-2所示。

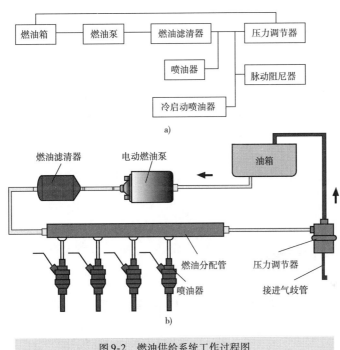

图9-2　燃油供给系统工作过程图

引导问题3　汽油的主要性能指标有哪些？

汽油机使用的燃料是汽油，汽油是从石油中提炼得到的密度小且易挥发的液体燃料，由多种碳氢化合物组成，是多种烃的混合物，基本成分是碳，碳占85%左右，氢占15%左右，此外还有极少量的其他元素。汽油的主要性能指标有蒸发性、抗爆性和热值。

1　蒸发性

汽油中必须含有足够比例的高蒸发性的成分，以得到良好的冷起动性能，其蒸

学习任务九 燃油滤清器的清洁和更换

发性的好坏将影响发动机正常工作。当温度较高时,蒸发性过高的汽油易在油路中蒸发形成"气阻",当温度较低时,蒸发性过低的汽油会有一部分不能蒸发、燃烧,并滞留在汽缸壁上,不仅使燃油消耗量增加,而且会稀释润滑油,导致汽缸加快磨损,影响发动机寿命。所以车用发动机的汽油蒸发性要求适中。

2 抗爆性

汽油的抗爆性是指汽油在汽缸中避免产生爆震的能力(也称抗自燃的能力)。"爆震"是一种非正常燃烧,与发动机温度、压缩比、燃油特性等有关,在压缩行程终了时产生,会造成发动机过热、排气冒烟、功率下降、油耗增加,并伴有明显的敲缸声,甚至损坏机件。汽油的抗爆性评价指标是辛烷值。辛烷值高,汽油抗爆性好;反之,汽油抗爆性差。

3 热值

汽油的热值是指单位质量(1kg)的汽油完全燃烧后所产生的热量。汽油的热值约为44000kJ/kg。

引导问题4 如何选用汽油?

我国车用汽油分类主要以辛烷值为基础,测定辛烷值的方法有马达法和研究法。目前我国用研究法辛烷值(RON)表示汽油的牌号,如 90 号、93 号和 97 号。压缩比高的发动机选用辛烷值高的汽油,反之,可选用辛烷值低的汽油。汽油牌号越高,其抗爆性越好,而价格也越贵。

东风雪铁龙新爱丽舍轿车要求必须使用 RON93(研究法辛烷值)以上汽油;卡罗拉(1.6L)轿车要求选择 93 号或更高级的优质无铅汽油。

引导问题5 汽油的环境保护和安全措施有哪些?

(1)环境保护

汽油是对水有污染的物质,作业时只能在防渗的地面上进行。汽油非常易燃,必须远离火源存放。汽油溢出时,要用吸附剂进行处理。妥善保管和回收利用污染过的汽油。沾上汽油的抹布或物品,应专门处理。

（2）安全措施

汽油会刺激人的皮肤，可以致癌。应避免使汽油接触到皮肤、眼睛或衣服。汽油蒸气吸入体内后，多呼吸新鲜空气，出现呼吸困难时就尽快去医院治疗。吞食汽油后，千万不要催吐，因为液态汽油可能会进入肺部，应立即去医院治疗。

引导问题6 燃油箱的作用是什么？

燃油箱是使汽车连续运动而储存燃油用的容器。其容积大小与车型和发动机排量有关，其形状随车型不同而各异，这主要是为了适应在车上的布置安装。图9-3所示为现在常用的燃油箱结构图。

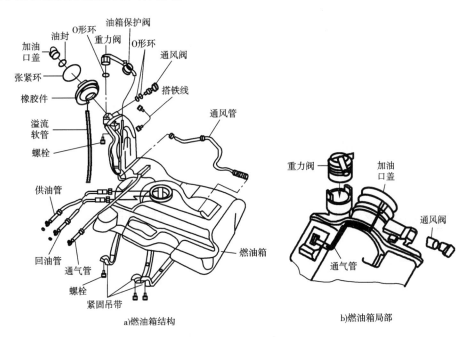

图9-3 燃油箱结构图

引导问题7 电动汽油泵的作用是什么？结构如何？

电动燃油泵的作用是把燃油从油箱内吸出并通过喷油器供给发动机各汽缸。

电控燃油喷射系统中最常用的是内置式燃油泵，即燃油泵安装在燃油箱内。内置式燃油泵不易发生气阻和漏油现象，对泵的自吸性能要求较低，故应用广泛。内置式燃油泵主要有叶片式和滚柱式两种(图9-4、图9-5)。

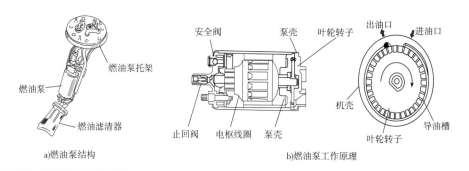

图9-4　叶片式电动燃油泵

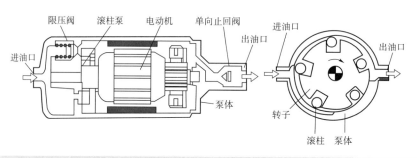

图9-5　滚柱式电动燃油泵

引导问题8　**燃油滤清器的作用是什么？更换周期是多久？**

燃油滤清器可清除燃油中的杂质,防止堵塞喷油器等部件,减少运动部件的磨损。

燃油滤清器与普通的滤清器一样,采用过滤形式,其壳体内有一个纸滤芯(图9-6)。滤芯的形式通常有两种,即菊花形和涡卷形。

燃油滤清器的滤芯应根据车辆行驶里程、使用的燃油质量情况及时更换,以确保发动机稳定行驶,提高可靠性。常见车型燃油滤清器的更换周期如表9-1所示。

常见车型燃油滤清器的更换周期　　　　　表9-1

车　型	燃油滤清器更换周期	
	行驶里程(km)	行驶时间(月)
新爱丽舍(TU5JP4)	45000	26
大众波罗(EA111)	60000	36
本田雅阁(2.4i-VTEC)	40000	24

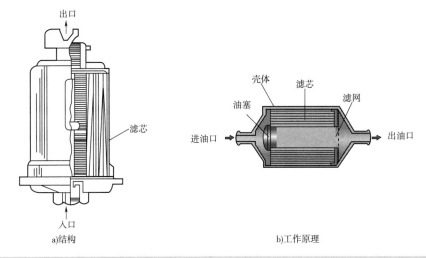

图9-6 燃油滤清器

引导问题9 燃油分配管的作用是什么?

燃油分配管的功用是将燃油均匀、等压地输送给各缸喷油器,结构如图9-7所示。由于它的容积较大,故有储油蓄压、减缓油压脉动的作用。

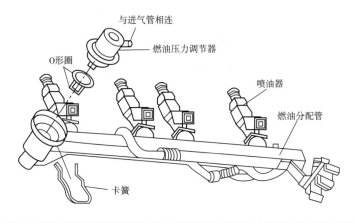

图9-7 燃油分配管

引导问题10 燃油压力调节器的作用是什么?

燃油压力调节器一般安装在燃油分配管上,其作用是根据进气歧管内的绝对压力的变化来调节系统油压(燃油分配管油压),保持喷油器的喷油绝对压力恒定,使喷油器的燃油喷射量只取决于喷油器的开启时间。

燃油压力调节器有金属壳体,其内部由橡胶膜片分为弹簧室和燃油室两部分(图9-8)。弹簧室内有一个带预紧力的螺旋弹簧,它作用在膜片上。在膜片上安装一个阀,控制回油。另外,还通过一根真空管与进气歧管相连。

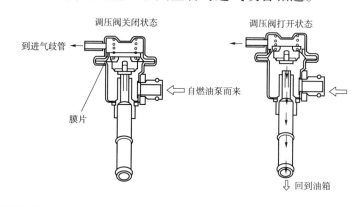

图9-8 燃油压力调节器

引导问题11　电磁喷油器的作用是什么？工作原理如何？

电磁喷油器是发动机电控燃油喷射系统的一个重要的执行元件,它接收ECU送来的喷油脉冲信号,准确地计量燃油喷射量,同时,将燃油喷射后雾化。

轴针式电磁喷油器安装在燃油分配管上,主要由轴针、针阀、衔铁、复位弹簧及电磁线圈等组成(图9-9)。针阀与衔铁制成整体结构,针阀上端安装一复位弹簧。

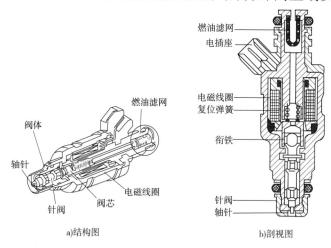

图9-9 电磁喷油器

当电磁喷油器停止工作时,弹簧弹力使针阀复位,阀针关闭,轴针压靠在阀座上起到密封作用,防止燃油泄漏。滤网用于过滤燃油中的杂质,O形密封圈起到密封作用,上部密封圈防止燃油泄漏,下部密封圈防止漏气。

二、实施作业

引导问题 12 作业时需要哪些工具、材料和设备?

(1)钳子、螺丝刀,污染汽油收集油杯,如图9-10所示。
(2)转向盘护套、变速杆手柄套、驻车制动操纵杆套、脚垫和座位套。
(3)材料:新的燃油滤清器(图9-11)。

图9-10 污染汽油收集油杯　　图9-11 新的燃油滤清器

(4)资料:《东风雪铁龙轿车保养手册》。

引导问题 13 作业前的准备有哪些?

(1)汽车进入工位前,将工位清理干净,准备好相关的器材。
(2)安装防护五件套。
(3)将变速杆置于空挡位置,并拉紧驻车制动器操纵杆。
(4)释放燃油系统压力。掀开后座,可看到下面的燃油泵进出口和油泵电源插头(图9-12),拔掉此处的燃油泵插头(图9-13)。

图9-12 燃油泵进出口

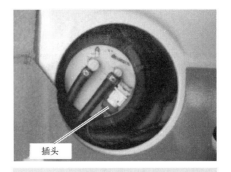

图9-13 油泵电源插头

（5）断开蓄电池正极或负极接头。（富康车可以不拔掉蓄电池接头，但那些燃油滤清器和油泵做在一起的车就必须拔掉。）

引导问题14 怎样规范地更换燃油滤清器？

（1）确定燃油滤清器的位置。爱丽舍轿车的燃油滤清器在右侧车门后下方（图9-14）。

a）燃油滤清器位置

b）局部放大图

图9-14 燃油滤清器位置

（2）将燃油滤清器从安装支架上（用点力）拔下来（图9-15）。

（3）将新的燃油滤清器两头用密封胶涂抹均匀后（图9-16），封堵（图9-17）。

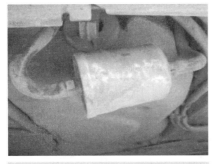

图9-15 拔下燃油滤清器

图9-16 涂抹密封胶

（4）在原燃油滤清器下方放好收集油杯（图9-18），用钳子拆掉原来两边的管箍（图9-19）。

图9-17　卦堵两头

图9-18　放好收集油杯

（5）将旧的燃油滤清器入口处的管子拔下，让管内溢出来的燃油流入收集油杯中。当流量变小后（套上管箍），快速把新滤清器的相应头接上，同时旧滤清器入口也堵上（图9-20）。

图9-19　拆掉一次性管箍

图9-20　新旧交替过程

（6）将旧滤清器的另一端拔下（套上管箍），接入新滤清器上（图9-21）。

（7）分别紧固两端的卡箍（图9-22）。

图9-21　接入新的滤清器

图9-22　紧固两端卡箍

（8）用点力将新滤清器推到位（图9-23）。

（9）连接蓄电池电缆接头，起动发动机，进行燃油滤清器渗漏试验（图9-24）。

图9-23　将新滤清器推到位

图9-24　进行渗漏试验

三、评价与反馈

（1）对本学习任务进行评价并填写评价表（表9-2）。

评　价　表　　　　　　　　　　　　　　　表9-2

考核项目	评分标准	分数	学生自评	小组互评	教师评价	小　计
团队合作	是否和谐	5				
活动参与	是否主动	5				
安全生产	有无安全隐患	10				
现场5S	是否做到	10				
任务方案	是否合理	15				
操作过程	1.拆卸燃油滤清器 2.更换燃油滤清器	30				
任务完成情况	是否圆满完成	5				
操作过程	是否标准规范	10				
劳动纪律	是否严格遵守	5				
工单填写	是否完整、规范	5				
	总分	100				
教师签名					得分	

(2)在实施的过程中,是否存在一些安全隐患?请找出容易忽视地方。

(3)口述燃油滤清器的更换过程。

四、学习拓展

(1)查阅资料,说明从燃油滤清器放出来的汽油为什么是脏的?

(2)分解旧的燃油滤清器,看看里面究竟有多脏?行驶30000km该不该更换?

(3)查阅资料,归纳总结燃油滤清器过脏会使汽车产生哪些故障。

学习任务十 发动机总成的更换

学习目标

完成本学习任务后,你应该能:
1. 叙述发动机总成的识别及更换的工艺流程;
2. 明确发动机总成的拆装要求及磨合的重要性;
3. 正确地使用工具和设备;
4. 使用"维修手册",与同学协作规范地更换发动机总成。

建议完成本学习任务的时间为 **16** 课时。

学习任务描述

一辆爱丽舍1.6L轿车,车主在使用过程中,发动机进水。经检查需要按照"发动机总成更换的工艺流程"对发动机总成进行更换。

学习内容

一、资料收集

引导问题 1　为什么要更换发动机总成?

发动机是汽车的动力源,在高温、高压、高速的恶劣条件下工作,其零部件会产生耗损。长期使用可能会造成无法修复的损坏,因此需更换发动机总成,否则车辆将无法继续使用。另外,交通事故、自然灾害或人为不正常使用,也可能造成发动机很难修复或者修复费用过高,这时都应该更换发动机总成,以保证车辆的正常运行。

引导问题 2　如何识别发动机?

每一台汽车的发动机都有一个唯一的编号——发动机识别代码(图 10-1),右侧为 a 处实物放大图。它包括发动机的型号和生产序号,是发动机的识别标志。要想更换发动机总成,必须首先了解所要更换发动机的型号、性能等参数(表 10-1)。

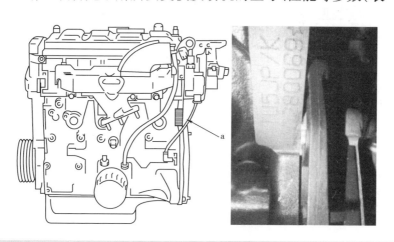

图 10-1　发动机识别代码

爱丽舍(1.6L)轿车发动机性能参数　　表 10-1

发动机型号	TU5J/PK	发动机型号	TU5J/PK
总排量(cm^3)	1587	压缩比	9.6:1
额定功率/转速	65kW/5600r/min(rpm)	最大转矩/转速	135N·m/3000r/min(rpm)
排放标准	国Ⅱ	燃料	90号汽油
催化器	无	EGR 阀	无
喷油系统	多点喷射	供应商	BOSCH

学习任务十 发动机总成的更换

引导问题3 发动机在车身上是如何支撑的?

现在汽车上发动机的支撑广泛采用三点式支承,既能精简机构,又能保证足够的牢固性。如东风雪铁龙爱丽舍轿车发动机(图10-2),就是采用三点支撑的方式,其各处拧紧力矩如表10-2所示。

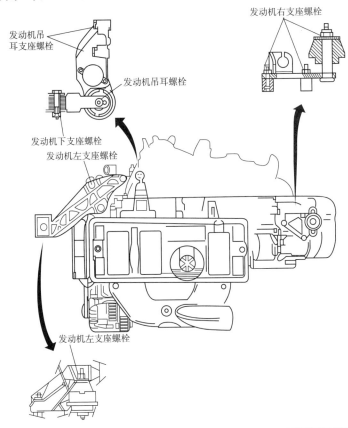

图10-2 爱丽舍支撑方式

爱丽舍支撑处拧紧力矩　　　　　　　　表10-2

标记	螺栓1	螺栓2	螺栓3	螺栓4	螺栓5	螺栓6	螺栓7
拧紧力矩	40N·m	50N·m	70N·m	45N·m	24N·m	65N·m	45N·m

引导问题4 发动机总成拆卸的原则是什么?

发动机总成的拆卸并不需要很高的技术,也不需要特别复杂的设备。但是如果

不重视这项工作,则在拆卸过程中造成零件的变形和损伤,甚至造成无法修复的损坏。发动机总成的拆装,应遵循以下原则:

(1)拆卸前应熟悉被拆总成的结构。可以查阅资料,按照拆卸工艺程序进行操作,避免在拆卸过程中造成不必要的损失。

(2)核对装配记号和做好记号。为保证组合件的装配关系,拆卸时应注意核对装配记号。拆卸后按原位置装好或做好装配记号。

(3)合理使用工具设备。正确使用拆卸工具是保证拆卸质量的重要前提,拆卸时所选工具要与被拆件相适应。如果可能尽量使用专用工具。另外,严禁使用手锤敲打零部件工作面。

(4)零部件存放。同一总成或组合件的零件拆开后尽量放在一起,避免丢失或造成装配时间的浪费。

引导问题5　发动机总成装配的原则是什么?

发动机总成的装配是保证发动机正常工作运行的重要环节之一。汽车维修企业在制定发动机总成装配的合理工艺流程时,一般遵循以下原则:

(1)时间上要尽量缩短装配所花时间。因为发动机总成装配空间狭小,操作不便,所以附件的装配尽量在台架上完成,提高装配速度。

(2)工艺上要根据汽车车身结构特点以及发动机自身特点,制定出合理有效的发动机总成的装配工艺。

(3)工具上要配备方便、快捷的安装工具。维修企业要配备常见车型的专用工具,以免造成效率低,甚或损坏发动机机件。

(4)吊装时必须保证安全、可靠、快捷。保证设备和工具的完好性,操纵的规范性,提高安全意识,避免发生汽车零部件碰撞或工伤事故的发生。

(5)防护上应对车身及其他零部件采取必要有效的防护措施,避免对车身油漆、装饰件、灯具及机械零部件造成损坏。

引导问题6　发动机总成更换的工艺流程是什么?

发动机总成的更换,涉及的各总成部件比较多,而且发动机的结构也各不相同,因此发动机的拆装顺序有所不同,但是发动机总成更换的工艺基本上是一样的。其具体工艺流程如图10-3所示。

学习任务十　发动机总成的更换

引导问题 7　发动机磨合有什么作用？磨合的规范要求是什么？

磨合的作用是增大零件表面的接合面积，以提高零件摩擦表面的质量、耐磨性、抗疲劳强度和抗腐蚀性能，从而提高发动机的性能，并延长发动机使用寿命。

发动机磨合技术规范的主要内容是，磨合时发动机的转速、负荷、在一定转速和负荷下的运行时间及润滑油性能。发动机的磨合分为冷磨合（图10-4）和热磨合（运行磨合）两种。

进厂、清洗 → 排空工作液 → 拆线束、附件 → 脱开传动机构

拆下发动机（带变速器）总成 ← 吊起发动机、拆除支架

拆除变速器总成 → 拆除离合器总成 → 更换新的发动机总成

图10-3　发动机总成更换工艺流程图　　　　图10-4　发动机冷磨机

以上即为发动机更换的相关准备知识，下面重点介绍发动机总成更换的具体步骤。

二、实施作业

引导问题 8　作业时需要哪些工具、材料和设备？

（1）常用工具一套（图10-5）、轮毂固定工具、发动机吊杆、胶管卡箍拆卸钳、塑料铆钉拆卸钳、差速器左油封安装工具、差速器右油封安装工具、皮带张力数字显示仪，如图10-6所示。

（2）防护五件套：翼子板布、转向盘护套、变速杆手柄套、驻车制动操纵杆套、脚垫和座位套。

（3）设备：举升机，液压吊车（图10-7）。

（4）材料：新的发动机总成。

图10-5　常用工具一套

（5）资料：《东风雪铁龙爱丽舍轿车维修手册》。

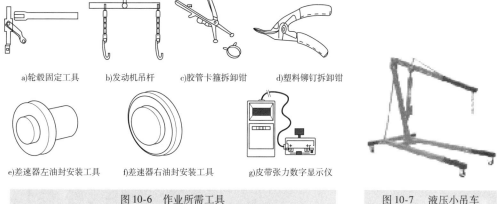

图 10-6 作业所需工具　　　　图 10-7 液压小吊车

引导问题 9 作业前的准备有哪些?

(1)汽车进入工位前,将工位清理干净,准备好相关的器材。
(2)将汽车停在举升机中央位置。
(3)安装防护五件套。
(4)将变速杆置于空挡位置,并拉紧驻车制动器操纵杆。
(5)打开并可靠支撑发动机舱盖。

引导问题 10 怎样规范地更换发动机总成?

发动机总成的更换,包括发动机的拆卸和装配两大部分,涉及的零部件较多,因此要按照发动机拆卸和装配的基本原则,在熟知发动机的装配工艺流程下,合理有序进行操作。

一般情况下,新的发动机总成是不包括空调压缩机的,所以更换发动机时,必须要先拆除空调压缩机。

下面以东风雪铁龙爱丽舍(1.6L)轿车为例,讲解发动机总成更换的方法。

引导问题 11 如何规范地拆卸发动机总成?

(1)断开蓄电池负极,举升并固定汽车,使前轮悬空。
(2)放空变速器油(图 10-8)。
(3)放空冷却水箱中的冷却液(图 10-9)。

学习任务十　发动机总成的更换

图 10-8　放空变速器油

图 10-9　放空冷却液

（4）排空助力转向液（图 10-10）。

（5）拆卸空气滤清器总成（图 10-11）。

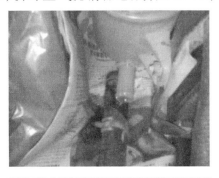

图 10-10　放空助力转向液

图 10-11　拆卸空气滤清器总成

（6）拆卸蓄电池（图 10-12）。

（7）拆卸计算机及支架（图 10-13）。

图 10-12　拆卸蓄电池

图 10-13　拆卸计算机及支架

（8）拆卸蓄电池支架总成（图 10-14）。

（9）拆卸前车轮（图 10-15）。

图10-14 拆卸蓄电池支架总成

图10-15 拆卸前车轮

(10)拆卸左右传动轴(图10-16、图10-17)。

图10-16 拆卸左传动轴

图10-17 拆卸右传动轴

(11)脱开计算机电缆(图10-18)。

(12)脱开离合器拉索(图10-19)。

图10-18 脱开计算机电缆

图10-19 脱开离合器拉索

(13)脱开节气门拉索(图10-20)。

(14)脱开换挡操纵机构的长操纵杆(图10-21)。

图10-20　脱开节气门拉索

图10-21　脱开换挡长操纵杆

（15）脱开空调压缩机皮带。

①拆下右下盖板和前右挡泥板（使用塑料铆钉拆卸钳）（图10-22）；

②拧松张紧轮固定螺栓（图10-23中1、2、3处），放松皮带上的张紧轮，拆除皮带。

图10-22　拆下右下盖板和前右挡泥板

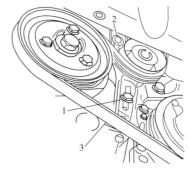

图10-23　拧松张紧轮固定螺栓

（16）拆下空调压缩机，并将其绑在车身上（图10-24）。

（17）脱开空气滤清器进气管（图10-25）。

图10-24　拆下空调压缩机

图10-25　脱开空气滤清器进气管

（18）脱开供油管，脱开回油管（图10-26）。

（19）脱开暖风进出水软管（图10-27、图10-28）。

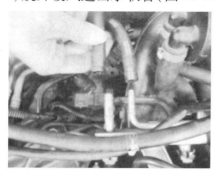

图10-26 脱开供油管、回油管

图10-27 脱开暖风进水管

（20）使用胶管卡箍拆卸钳拆开冷却水箱胶管（图10-29）。

图10-28 脱开暖风出水管

图10-29 拆开冷却水箱胶管

（21）脱开动力转向泵上的胶管（图10-30）。

（22）拆下发动机线束及熔断丝盒上的线束。

（23）拆下动力转向泵与转向阀之间的连接管（图10-31）。

图10-30 脱开动力转向泵上的胶管

图10-31 拆下转向泵与转向阀间连接管

（24）拆下进气管与真空助力器之间的连接管（图10-32）。

（25）拆下排气管固定螺栓（图10-33）。

图10-32　拆下进气管与真空器间连接管

图10-33　拆下排气管固定螺栓

(26)拆下发动机下支架的吊耳螺栓(图10-34)。

(27)吊起发动机带变速器总成(图10-35)。

图10-34　拆下发动机下支架的吊耳螺栓

图10-35　吊起发动机带变速器总成

(28)拆除发动机左、右支架(图10-36、图10-37)。

图10-36　拆除发动机右支架

图10-37　拆除发动机左支架

小提示

不要损坏冷却水箱。

（29）吊起发动机带变速器总成（图10-38）。

（30）拆除变速器总成（图10-39）。

图10-38　吊起发动机带变速器总成

图10-39　拆除变速器总成

（31）拆除离合器总成（图10-40）。

 小提示

防止离合器从动盘掉落。

引导问题12　怎样规范地装复发动机总成？

（1）安装离合器总成（图10-41）。

图10-40　拆除离合器总成

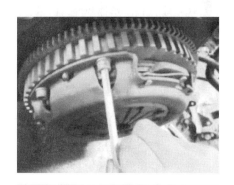

图10-41　安装离合器总成

 小提示

在安装时注意离合器从动盘的正反。

(2)安装变速器总成(图10-42)。

注意

①确保变速器的定位销完全正确进入发动机相应定位孔内。
②分离拨叉应将分离轴承推到底。
③安装变速器时各部件螺栓的拧紧力矩见表10-3。

图10-42 安装变速器总成

变速器相关螺栓拧紧力矩　　表10-3

螺栓位置	扭矩
发动机和变速器固定螺栓(4个)	35N·m
变速器悬挂弹性元件固定螺母(2个)	25N·m
变速器悬挂固定螺母(1个)	70N·m
变速器悬挂支架与左前梁连接螺栓(2个)	25N·m
变速器悬挂连接支架与变速器固定螺母(3个)	25N·m

(3)在油封刃口处涂抹润滑油,用油封安装工具安装差速器左、右油封(图10-43)。
(4)用"G6"型润滑脂涂在变速器弹性支架内部。
(5)吊起发动机带变速器总成。
(6)安装发动机带变速器总成。

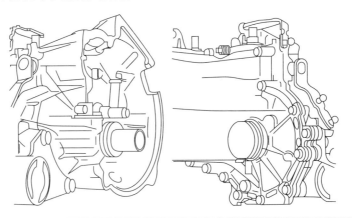

图10-43 装差速器左、右油封

①安装发动机左右支架(图10-44、图10-45),固定发动机支架。
②装上发动机下支架的吊耳螺栓(图10-46)。

(7) 装上排气管固定螺栓（图10-47）。

图10-44　安装发动机右支架

图10-45　安装发动机左支架

图10-46　装上发动机下支架的吊耳螺栓

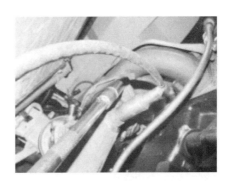

图10-47　装上排气管固定螺栓

(8) 装上进气管与真空助力器之间的连接管（图10-48）。

(9) 装上暖风进出水管（图10-49、图10-50）。

图10-48　装上进气管与真空器间连接管

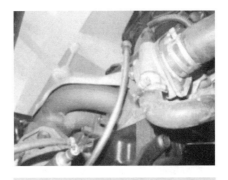

图10-49　装上暖风进水管

(10) 装上冷却水箱胶管（图10-51）。

(11) 装上滤清器进气管（图10-52）。

(12) 装上供油管、回油管（图10-53）。

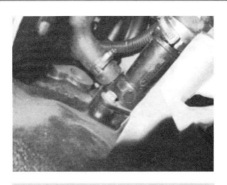

图 10-50 装上暖风出水管

图 10-51 装上冷却水箱胶管

图 10-52 装上滤清器进气管

图 10-53 装上供油、回油管

(13) 连接发动机线束,连接熔断丝盒上的继电器线束。

(14) 连接固定在熔断丝盒上的搭铁线,连接变速器上的搭铁线。

(15) 连接熔断丝盒线。

(16) 连接动力转向泵与转向阀之间的连接管(图 10-54)。

(17) 安装空调压缩机(图 10-55)。

图 10-54 连接动力转向泵与转向阀间连接管

图 10-55 安装空调压缩机

(18) 安装空调压缩机皮带。

① 按顺序安装皮带:曲轴皮带轮、空调压缩机皮带轮、助力转向泵皮带轮、张紧轮。

② 把皮带张力数字显示仪安装在皮带上(图 10-56),拧紧螺栓(图中 A 所示)使

皮带张力达到 120±3 个单位。

③拧紧张紧轮固定螺栓 2（图 10-56），拆下工具。

（19）安装离合器拉索（图 10-57）。

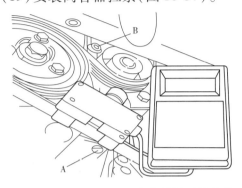

图 10-56 安装皮带张力数字显示仪

图 10-57 安装离合器拉索

（20）安装换挡长操纵杆（图 10-58）。

（21）安装动力转向泵上的胶管（图 10-59）。

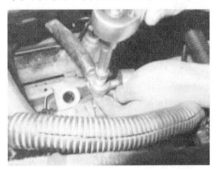

图 10-58 安装换挡长操纵杆

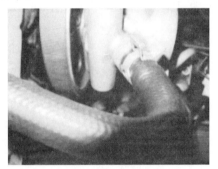

图 10-59 安装动力转向泵上的胶管

（22）安装节气拉索（图 10-60）。

（23）安装空气滤清器总成（图 10-61）。

图 10-60 安装节气门拉索

图 10-61 安装空气滤清器总成

(24) 安装计算机及支架(图10-62)。

(25) 安装传动轴(图10-63)。

图10-62 安装计算机及支架

图10-63 安装传动轴

(26) 安装前轮。

(27) 加注变速器油,动力转向液,冷却液。

(28) 调整离合器拉索的长度。

(29) 接上电源负极,将车辆落地,汽车检测,路试。

三、评价与反馈

(1) 对本学习任务进行评价并填写评价表(表10-4)。

评 价 表　　　　　　　　　　　　表10-4

考核项目	评分标准	分　数	学生自评	小组互评	教师评价	小　计
团队合作	是否和谐	5				
活动参与	是否主动	5				
安全生产	有无安全隐患	10				
现场5S	是否做到	10				
任务方案	是否合理	15				
操作过程	1. 拆装发动机线束、管路; 2. 拆装发动机附件及支撑; 3. 吊起、拆卸发动机; 4. 分离及装配变速器总成; 5. 装复发动机变速器总成; 6. 起动,检测	30				

续上表

考核项目	评分标准	分　数	学生自评	小组互评	教师评价	小　计
任务完成情况	是否圆满完成	5				
操作过程	是否标准规范	10				
劳动纪律	是否严格遵守	5				
工单填写	是否完整、规范	5				
	总分	100				
教师签名				得分		

(2)在实施的过程中,是否存在一些安全隐患？请找出容易忽视地方。

(3)口述发动机总成的更换过程。

四、学 习 拓 展

(1)查阅资料,说明发动机总成更换过程中的注意事项。

(2)查阅资料,说明大众帕萨特 B5 汽车发动机更换过程与本书所讲的区别。

(3)查阅资料,了解发动机更换过程中如何进行团体合作。

参 考 文 献

[1] 陈家瑞.汽车构造(上册),4版[M].北京:人民交通出版社,2003.

[2] 刘建平.汽车发动机机械维修工作页[M].北京:人民交通出版社,2009.

[3] 朱军.汽车发动机常见维修项目实训教材[M].北京:人民交通出版社,2009.

[4] 林德华.汽车构造与拆装(下册)[M].北京:人民交通出版社,2011.

[5] 全华科友.汽车发动机构造与维修[M].北京:人民交通出版社,2010.

[6] 陈礼璠、杜爱明.汽车构造(发动机分册)[M].北京:人民交通出版社,2008.

[7] 孔宪峰.汽车发动机构造与维修.2版[M].北京:高等教育出版社,2007.